Fips & Co

Lesebuch 3

erarbeitet von
Hildegard Albermann, Susanne Mertens,
Ursula Schagerl und Andrea Wimmer

illustriert von
Ulrike Baier, Verena Ballhaus, Christine Faltermayr,
Sylvia Graupner, Yayo Kawamura, Sandra Reckers,
Nina Spranger und Martina Theisen

Oldenbourg

Schreibe auf.

Male und gestalte.

Schneide aus.

Informiere dich.

Partnerarbeit

Gruppenarbeit

2 Zusatzaufgabe

Das Papier ist aus chlorfrei gebleichtem Zellstoff hergestellt,
ist säurefrei und recyclingfähig.

1. Auflage 2010
Druck 14 13 12 11 10
Die letzte Zahl bezeichnet das Jahr des Drucks.
Alle Drucke dieser Auflage sind untereinander unverändert
und im Unterricht nebeneinander verwendbar.

Umschlagkonzept: Mendell & Oberer, München
Umschlag: Erasmi + Stein, München
Umschlagillustrationen: Martina Theisen, Stadecken-Elsheim
Grafische Konzeption: Erasmi + Stein, München
Layout und Satz: Lisa Neuhalfen, Berlin
Lektorat: Salomé Dick, Berlin
Bildredaktion: Susanne Reinhardt
Herstellung: Angelika Brandtner
Reproduktion: Repro Ludwig, Zell am See
Druck: Firmengruppe APPL, aprinta Druck, Wemding

ISBN 978-3-637-00473-3

Inhalt

A wie Anfang

Paul Klee

1 Das Bild heißt Villa R. Wer könnte darin wohnen?

2 Gestalte eine Villa für dich.

Suche!

Suche! Du entdeckst es bald
in der Stadt, im Tannenwald,
in den Alpen und im Tal.
Es liegt im Bach, liegt im Kanal.

Such in der Asche, in der Flamme,
in Pfanne, Kanne, Badewanne!
Im Kasten steckt es, in der Flasche,
im Fass und in der Manteltasche.

Die Schlange hat's und auch der Adler,
der Taxifahrer und der Radler.
Betrachte Nagel, Zange, Hammer,
besieh den Saal dir und die Kammer.

Ganz wie am Tag, in Glanz und Pracht
entdeckst du's in der schwarzen Nacht.
Schau ihn dir an, den Maskenball,
doch denk auch ans uralte All.

Josef Guggenmos

1 Was hast du in den Wörtern entdeckt?

2 Sammle Wörter, in denen auch etwas versteckt ist.
Lass deinen Partner suchen.

S. 198: Ein Gedicht vortragen

Das o und alle drei e

Das o und alle drei e
gingen auf Urlaubsreise –
da knurrte das Dnnrwttr
nur noch merkwürdig leise.

Josef Guggenmos

Pech

Meine Mutter hat
von einem Verehrer bekommen:
einen PORZELLANELEFANTEN.

Ich habe ihn in die Hand genommen:
den PORZELLANELEFANTEN.

Ich bin mit ihm plötzlich ausgeglitten:
dem

POR FAN
TEN ELE
ZEL LAN

Ich musste ihn hastig zusammenkitten:
den PORLANFANELEZELTEN.

Hans Manz

1 Welches Gedicht gefällt dir besser? Begründe.

2 Welche Dinge könnten auch kaputtgehen?
Schreibe ein eigenes Pechgedicht.

EFFARIG und TNAFELE

EFFARIG und TNAFELE
stehen da verkehrt, oje!
Der TNAFELE: Groß ist er sehr!
Der EFFARIG ist's noch viel mehr.
Stehn sie richtig, kennst du sie,
die riesig großen, den und die.

Josef Guggenmos

1 Wer ist gemeint?

2 Welche Geheimschrift hat der Dichter benutzt?

3 Schreibt euch in dieser Geheimschrift eine Nachricht.

Katzen

Nadia Budde

4 Schreibe selbst Sätze, in denen die Wörter mit dem gleichen Buchstaben anfangen.

Der große Platsch

nach einer Legende aus dem Himalaya

Am Ufer eines Sees stand ein Wäldchen mit Quittenbäumen. Dort lebten sechs Kaninchen. Eines Tages machte etwas im Wäldchen Platsch! Da erschraken die Kaninchen und liefen davon …

Ein Fuchs, der sie flüchten sah, fragte: „Wovor lauft ihr davon?“ Die Kaninchen antworteten: „Der große Platsch ist gekommen!“ Da erschrak der Fuchs und floh mit ihnen. Dann sah der Affe den Fuchs, der hinter den Kaninchen herrannte und fragte: „Wovor lauft ihr davon?“ Der Fuchs und die Kaninchen antworteten: „Der große Platsch ist gekommen!“ Da erschrak der Affe und flüchtete mit ihnen. Dann erzählte der Affe dem Wolf vom großen Platsch, der sagte es der Giraffe, die berichtete es dem Nashorn, das erzählte es dem Elefanten, der sagte es dem Bären, der berichtete es dem Leoparden, der erzählte es dem Tiger … So lief ein Tier hinter dem anderen vor dem großen Platsch davon. Alle rannten mit gesenktem Kopf und je schneller sie rannten, umso größer wurde ihre Angst.

Schließlich kamen sie an den Fuß eines Berges. Dort lebte der große Löwe mit der mächtigen Mähne. Als er all die Tiere flüchten sah, fragte er sie: „Wovor rennt ihr davon? Ihr habt doch Nägel und Klauen und Hörner und Rüssel und Hufe und Zähne, um euch zu verteidigen. Was macht euch so große Angst?“ „Der große Platsch ist gekommen!“, antworteten alle im Chor. „Was ist das, der große Platsch?“, fragte der Löwe mit der mächtigen Mähne.

„Das wissen wir nicht“, antworteten die Tiere, ohne stehen zu bleiben. „Hört auf, davonzurennen! Bleibt doch stehen! Wer hat euch gesagt, dass der große Platsch gekommen ist?“, fragte der Löwe mit der mächtigen Mähne. „Der Leopard hat es gesagt!“, sagte der Tiger, der der Letzte in der Reihe war. Also stellte der Löwe mit der mächtigen Mähne dem Leoparden dieselbe Frage. „Der Bär hat es gesagt“, antwortete der Leopard. Der Löwe fragte den Bären und der rief: „Der Elefant hat es gesagt!“ Also fragte er den Elefanten und der sagte: „Das Nashorn hat es gesagt!“ Er fragte das Nashorn und das antwortete ihm: „Die Giraffe hat es gesagt!“ Er fragte die Giraffe und die meinte: „Der Wolf hat es gesagt!“ Und der Wolf: „Der Affe hat es gesagt!“ Und der Affe: „Der Fuchs hat es gesagt!“ Schließlich rief der Fuchs aus: „Die Kaninchen haben gesagt, dass der große Platsch gekommen ist!“ Also fragte der Löwe mit der mächtigen Mähne die Kaninchen: „Was ist der große Platsch?“ Und die Kaninchen antworteten: „Den schrecklichen Platsch haben wir im Wäldchen mit den Quittenbäumen gehört. Kommt mit und wir zeigen euch, was das ist.“

Die Kaninchen führten den Löwen und die anderen Tiere zum Wäldchen mit den Quittenbäumen am Ufer des Sees. „Hier haben wir den großen Platsch gehört!“, riefen sie im Chor. In diesem Augenblick fiel eine reife Quitte von einem Ast direkt in den See und machte dabei einen ungeheuren, ohrenbetäubenden, schrecklichen Platsch!

Chiara Carrer

1 Wie viele Tiere flüchten vor dem großen Platsch?

2 Warum läuft der Löwe nicht auch davon?

S. 200: Einen Text mit Musik und Bewegung umsetzen
S. 201: Einen Text nachspielen

Woher die Tiere ihre Namen haben

Das Wort „Krokodil“ kommt aus dem Ägyptischen und heißt dort: Hu, noch einmal Glück gehabt!

Der Hund hieß früher einmal „Hand“, weil er ebenso viele Beine hat wie die Hand Finger, nämlich vier oder fünf, je nachdem, ob man den Schwanz des Hundes dazu- oder den Daumen der Hand wegzählt.

Die Katze heißt „Katze“, weil sie aussieht wie andere Tiere, die so heißen. Eine Katze, die „Katze“ hieß, hätte viel lieber „Maus“ geheißen. Da aber die Maus schon so hieß, und zwar schon sehr lange, musste die Katze, damit es keine Verwechslungen gab, ihren Namen behalten.

Zwei Jungen entdeckten im Wald einen flaumigen Vogel, den sie nie zuvor gesehen hatten.
Guck, guck!, sagte der eine zum anderen, indem er auf den Vogel zeigte.
Von diesem Tag an wurde der Vogel „Guckguck“ oder „Kuckuck“ genannt.

Der Name „Papagei“ kommt aus dem Indianischen und bedeutet: Lass mich doch mal ausreden, ja!

Das Reh heißt gar nicht „Reh“, sondern ganz anders. Sein Name ist so lang und so schwer auszusprechen, dass niemand ihn behalten hat.
„Reh“ sagt man zum Reh bloß, weil das leichter ist. Reh ist einfach, aber falsch.

Jürg Schubiger

1 Male ein Tier und erkläre, woher es seinen Namen hat.

Das ästhetische Wiesel

Ein Wiesel
saß auf einem Kiesel
inmitten Bachgeriesel.
Wisst ihr,
weshalb?
Das Mondkalb
verriet es mir im Stillen:
Das raffinierte Tier
tat's um des Reimes willen.

Christian Morgenstern

Das Finkennest

Ich fand einmal ein Finkennest
und in demselben lag ein Rest
von einem Kriminalroman.
Nun sieh mal an,
der Fink konnt lesen.
Kein Wunder,
es ist ein Buchfink gewesen.

Heinz Erhardt

Der Feuersalamander

Zwei alte Feuersalamander,
die sitzen friedlich beieinander
und freuen sich ganz ungeheuer
an ihrem Salamanderfeuer.

Paul Maar

1 Welches Gedicht gefällt dir am besten?
Schreibe es auf und gestalte das Blatt.

2 Lerne ein Gedicht auswendig und trage es einem Partner vor.

→ S. 198: Ein Gedicht vortragen

Abzählverse aus aller Welt

Auf einer Insel
wohnt Frau Pinsel,
einen Stock tiefer
wohnt Frau Kiefer,
im Keller wohnt die Maus
und du bist raus.
(deutsch)

Eenie meenie miny moe,
catch a tiger by my toe,
if he hollers, let him go,
eenie meenie miny moe.
(amerikanisch)

Eins, zwei, drei,
du bist frei.
Uno, due, tre,
che vai via te.
Un, deux, trois,
c'est à toi.
(aus der Schweiz)

Uno, due, tre!
La mamma non c'è,
è in cucina e fa il caffè.
Tutto per me, niente per te.
Uno, due, tre!
(italienisch)

Bir çik, iki çik,
üç çik, dört çik,
beş çik, altı çik,
yedi çik, sekis çik,
dokuz çik, on çik,
sen gir, sen çik.
(türkisch)

1 Übe einen Abzählvers so, dass du ihn auswendig sagen kannst.

2 Welche Abzählverse kennt ihr?

→ S. 197: Texte und Bilder präsentieren

Fünfzig verwünschte Schlümpfe

Fünfzig verwünschte Schlümpfe

Fünfzisch verwünchte Schlümpe

Zünfzig werwünschte Schlümpe

Fünfig vermümpftige Wünsche

Plünzig verschrumpfte Wünzel

Pfundig verschluckte Würstel

Pfützig verschlümpfte Müpfel

Fümpfzisch versumpfte Mümpel

Schlückig verschlüpfle Mümpfel

Münzich verfülmte Schlümsche

Vümpfzisch zerlümpte Schlümpfel

Fünfzig verwünschte Schlümpfe

1 Lest die Sprüche abwechselnd.

2 Erfindet gemeinsam neue Verse.

Ich und die anderen

das bin ich

mit meiner Familie

mit meinen Freunden

beim Fußballtraining

in meiner Klasse

1 Wo triffst du andere Kinder?

2 Male dich mit anderen Kindern.

Einfach alles

Ich möcht ein Sack voll Blödsinn sein,
möcht tagelang nur lachen
und kreuz und quer
und vorneweg
und hintendrein
die tollsten Sprünge machen.

Ich möcht ein Baum im Walde sein
und sanft im Wind mich wiegen
und mutig und voll Lust
stets neue Blätter kriegen.

Ich möchte einfach alles sein,
möcht stille stehn und springen.
Und wenn ich einmal traurig bin,
hört ihr mich leise singen.

Klaus Kordon

1 Was möchtest du einmal sein?

Sitznachbarn

Sara

Wir schreiben Tiernamen von der Tafel in unsere Hefte ab. Ganz schön schwierige Wörter sind dabei – Eichhörnchen zum Beispiel. Wenn ich fertig bin, male ich ein Bild von einem Eichhörnchen.

Max kaut an seinem Bleistift. Das ist ein doofes Geräusch. Es knurpst und knarzt. Total blöd. Mit seinem Fuß stößt er an mein Stuhlbein. Das macht er ständig. Es nervt. Es nervt unheimlich.

„Lass das, Max!“, sage ich.

Max rückt von mir weg. Dabei fällt sein Heft runter. Als er sich danach bückt, grinst er mich an. Warum grinst der Blödmann? Was ist witzig, wenn ein Heft runterfällt?

Ich schreibe weiter. Noch drei Wörter: Hase, Igel, Fuchs. Das ist leicht. Gleich kann ich malen. Max hat nur hunt geschrieben.

„Max, nicht aus dem Fenster schauen! Schreiben!“, sagt Frau Brenner.

„Kann ich deinen Spitzer haben?“, fragt Max.

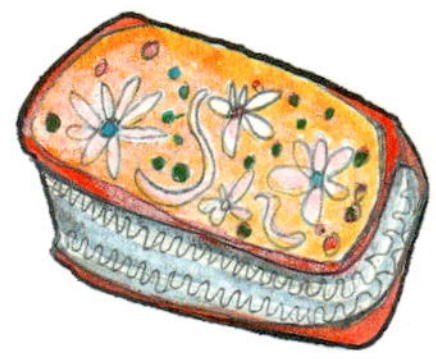

Seine Finger wühlen in meinem Federmäppchen. Er zerrt und rüttelt und – Peng! – das Gummi, unter dem der Spitzer steckt, zerreißt.

„Manno! Max!“ Ich muss weinen. Opa hat mir das Federmäppchen geschenkt! Es hat zwei Etagen und Glitzerblumen und jetzt ist es kaputt.

„Max! Was ist denn jetzt schon wieder los? Kannst du deine Hände nicht einmal bei deinen Sachen lassen?“, fragt Frau Brenner.

„Das wollte ich nicht!“, murmelt Max und stopft den Spitzer zurück. Zack – jetzt liegt das ganze Federmäppchen auf dem Boden. Die Buntstifte sind bestimmt kaputt. Ich weine und weine.

Max ist so gemein. Frau Brenner schimpft. Max muss seine Sachen nehmen und im Gruppenraum alleine weiterschreiben. Das geschieht ihm recht!

Max

So viele Tiernamen an der Tafel! Und die soll ich alle abschreiben. Ganz schön schwierig. Hund – das erste Wort ist Hund. Wie der wohl aussieht? Wie Omas Pudel? Oder wie der große, schwarze Hund gestern? „Lass das, Max!“ Das war Sara. Sie ist wütend. Wieso bloß? Dauernd ist sie sauer auf mich! Ich hab doch gar nichts gemacht! Mist, jetzt ist mein Heft runtergefallen. Hoffentlich meckert Sara nicht noch mehr. Am Fenster krabbelt eine Fliege. Senkrecht mit dem Kopf nach unten! Toll! Warum steht eigentlich nicht Fliege an der Tafel? Fliegen gibt es doch überall … „Max! Nicht aus dem Fenster schauen! Schreiben!“ Frau Brenner ist wütend. Was will sie? Ich schreibe doch. Ich schreibe ganz schnell. Sie soll Mama nicht schon wieder anrufen. Nein! Jetzt ist der Bleistift abgebrochen und mein Spitzer, der ist weg … Vielleicht darf ich Saras benutzen? „Kann ich deinen Spitzer haben?“, frage ich. Es muss schnell gehen. Frau Brenner ist sowieso schon wütend auf mich. Ich ziehe an Saras Spitzer. Verflixt, da klemmt was! Mit einem Ruck wird es gehen. O nein! Das Gummi ist gerissen. Das wollte ich nicht. „Manno! Max!“ Sara weint ganz doll! Ich stopfe den Spitzer schnell zurück. Jetzt fällt auch noch das Federmäppchen vom Tisch! Frau Brenner ruft bestimmt wieder bei Mama an. Sie schimpft jedenfalls wie verrückt. Und ich muss in den Gruppenraum. Wie jeden Tag!

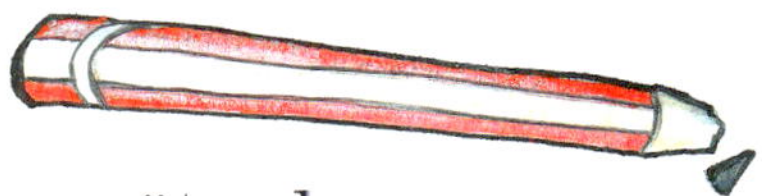

Barbara Peters

1 Was ist in den Texten gleich, was ist unterschiedlich?

2 Ist Max wirklich gemein? Begründe.

→ S. 199: Einen Text vortragen

Herr Maier ist verschwunden

Jeden Donnerstag ist Drachentag. Da muss Jakob Luftmaschen häkeln. Das ist sowieso schon schwierig. Noch schwieriger ist es allerdings, das Gemecker der Werklehrerin zu ertragen. Die heißt Frau Wache, obwohl Frau Drache viel besser zu ihr passen würde. Heute hat Jakob heimlich Herrn Maier, seine Ratte, in die Schule mitgebracht. In der Werkstunde muss Herr Maier in Jakobs Büchertasche im Klassenzimmer bleiben.

Frau Wache ist bissig wie immer. „Ein bisschen schneller, wenn ich bitten darf!" Jakob müht sich mit der Häkelnadel ab. Ob es Herrn Maier auch gut geht? Hoffentlich ist es nicht zu stickig in der Schultasche! Auf einmal fällt Jakob sein Pausenbrot ein. Eine Ratte und ein Pausenbrot in einer Schultasche – das war wohl keine so gute Idee! Herr Maier ist die verfressenste Ratte, die Jakob kennt. Aber vielleicht kann er sein Brot ja noch retten? „Darf ich bitte aufs Klo gehen?", fragt Jakob so höflich wie möglich. Frau Wache nickt gnädig. Jakob rennt so schnell er kann in die Klasse. Er macht seine Schultasche vorsichtig auf. Ganz unten liegt sein Pausenbrot, ohne Fressspuren. Erleichtert nimmt Jakob es heraus. Wo ist Herr Maier? Jakob durchwühlt die Schultasche. Keine Ratte. Er wirft alle Bücher und Hefte heraus. Seine Ratte ist nicht da. Herr Maier ist weg. Jakob stöhnt auf. Er muss Herrn Maier finden, so schnell wie möglich! Er durchsucht alle anderen Schultaschen. Er läuft aus der Klasse.

Jakob setzt sich auf die Bank. Es ist sinnlos. Er ist zu spät gekommen. Herr Maier ist längst weit weg. Vielleicht ist er schon aus dem Schulhaus gelaufen. Hätte er ihn doch nie in die Schule mitgenommen! Jakob spürt, wie ihm die Tränen kommen.

Auf einmal hört er ungeduldige, laute Schritte. Frau Wache natürlich. Sie sieht nach, wo er bleibt.

„Was machst du da, Jakob?", ruft Frau Wache empört.

„Was fällt dir ein, einfach den Unterricht zu schwänzen?“

Jakob schaut sie an. Herr Maier ist weg, da kann ihm alles andere auch schon egal sein. „Meine Ratte ist weg“, sagt er und auf einmal laufen ihm die Tränen über die Wangen.

Frau Wache starrt ihn an. „Wer ist weg?“, fragt sie entgeistert.

„Meine Ratte, Herr Maier. Ich habe ihn heute mit in die Schule genommen, weil Donnerstag ist. Und Donnerstag ist doch immer so schrecklich, weil wir Textiles Werken haben und ich das überhaupt nicht kann. Und jetzt ist er weg!“

„Herr Maier“, wiederholt Frau Wache fassungslos.

Jetzt wird sie gleich in Ohnmacht fallen, denkt Jakob. Aber Frau Wache fällt nicht in Ohnmacht.

„Herr Maier ist also weg“, sagt sie. „Und du sitzt da und heulst. Willst du ihn nicht suchen?“

„Aber ich hab doch schon überall gesucht!“, ruft Jakob.

Frau Wache meint trocken: „Na, überall wohl kaum. Sonst hättest du ihn ja gefunden. Aber ich sehe schon, wir brauchen Verstärkung!“

Und schon setzt sie sich wieder in Bewegung und stöckelt zurück in den Werkraum.

„Meine Herrschaften“, sagt sie zu den Kindern, „wir haben einen Notfall. Herr Maier ist ausgebrochen, Jakobs Ratte! Ich bitte also um eure Mithilfe bei der Suche! Und zwar rasch, damit mir nicht die ganze Werkstunde verloren geht! Hopp, hopp, bewegt euch!“

Ein paar Augenblicke später schwärmen die Kinder bereits durch das ganze Schulhaus.

Saskia Hula

1

Wer ist Herr Maier?

Warum durchsucht Jakob alle Schultaschen?

Ist Frau Wache wirklich so schlimm wie ein Drache? Begründe.

S. 195: Einen eigenen Schluss schreiben

Klassensprecherwahl in der 3c

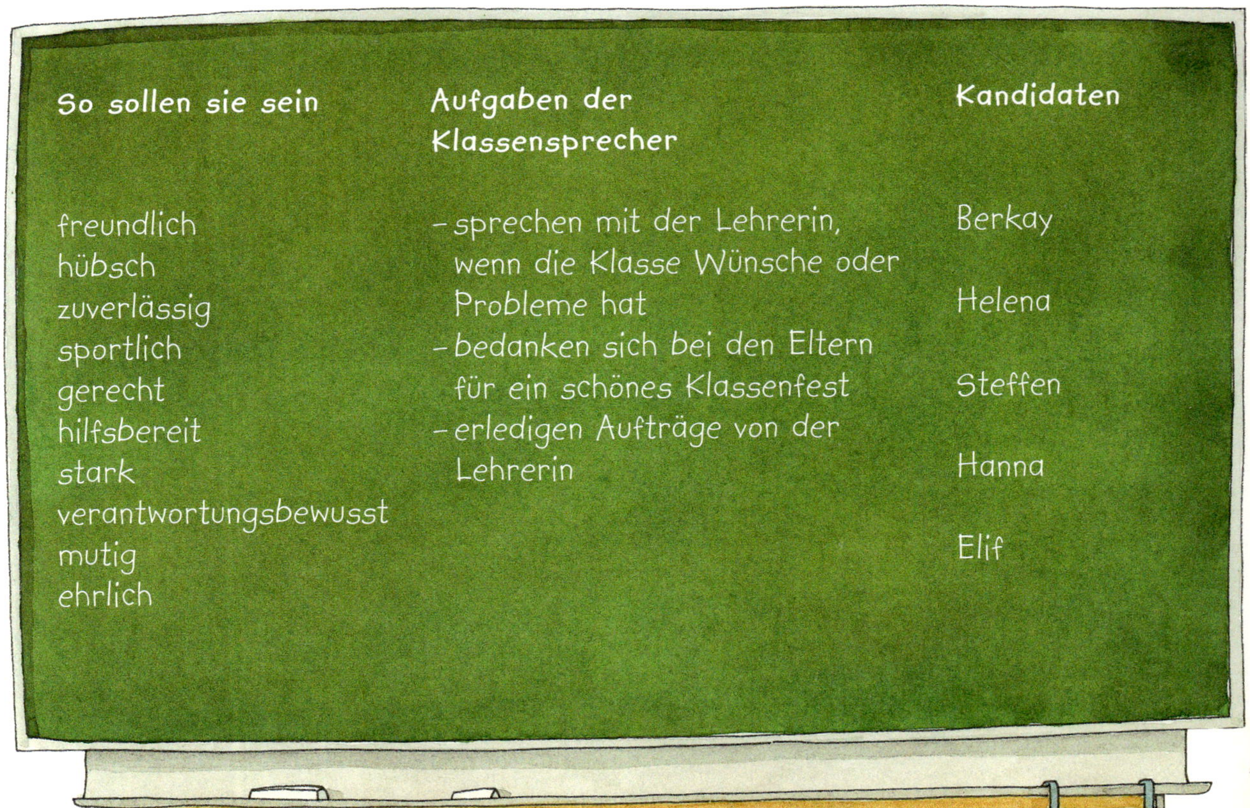

Heute wählen die Kinder der Klasse 3c zum ersten Mal ihre Klassensprecher.
Dafür überlegen sie:

- Welche Aufgaben hat ein Klassensprecher?
- Wie soll ein Klassensprecher sein?

Fünf Kinder werden für die Wahl vorgeschlagen.

1 Welche Eigenschaften braucht ein Klassensprecher wirklich?

2 Wen würdest du wählen? Begründe.

Wärst du eingestiegen?

Am Freitag in der letzten Stunde ist Zeichenunterricht bei Frau Timpe. Jeder darf ein Wunschbild malen. Jessica hat einen Garten mit blühenden Bäumen und Blumen gemalt. Ihr Bild ist besonders schön geworden.

Als es klingelt, räumen die Kinder ihre Zeichensachen zusammen. „Ich lass mein Bild in der Zeichenmappe", sagt Gabi und schiebt es in den Schrank.

Jessica nimmt den Zeichenblock mit dem Gartenbild unter den Arm. Vor den Fenstern wird es immer dunkler.

„Es fängt bestimmt gleich an zu regnen!", sagt Frau Timpe mit einem Blick auf die schwarzen Wolken. „Beeilt euch, damit ihr nicht patschnass werdet!"

Die Schüler packen rasch zusammen. Weil es nach einem Gewitter aussieht, werden viele Kinder von der Schule abgeholt.

Da beginnt es zu regnen.

„Oje! Meine neuen Schuhe!", ruft Gabi mit einem erschrockenen Blick auf ihre weißen Stoffschuhe. „Hoffentlich wird mein Bild nicht nass", sagt Jessica und hängt ihre Jacke über den Zeichenblock.

Es regnet immer heftiger. Immer mehr Autos halten vor der Schule.

„Alle werden abgeholt. Bloß wir nicht", klagt Jessica.

Es blitzt und donnert. Jetzt platzt der Himmel förmlich auf.

Da kommt ein Auto herangefahren. Es fährt langsam an den Mädchen vorbei. Ein junger Mann sitzt drin.

Er sieht gut aus. Und das Auto ist ein ganz toller Schlitten.

Der junge Mann dreht die Scheibe herunter und sagt: „Kann ich die beiden Damen ein Stück mitnehmen?"

„Ja, gern!", sagt Gabi erleichtert und fasst nach dem Türgriff.

„Na, dann steigt schon ein!", sagt der junge Mann ungeduldig.

Gabi sitzt schon halbwegs im Auto, da zieht Jessica sie wieder heraus.

„Das bisschen Regen macht uns nichts!“, ruft Jessica dem Fremden zu. Der junge Mann zuckt mit den Schultern und fährt weiter.

„Dumme Kuh!“, sagt Gabi ein bisschen ärgerlich zu ihrer Freundin. „Der hätte uns garantiert bis vor die Haustür gefahren!“

„Meine Mama hat gesagt …“, sagt Jessica.

„Ich weiß, ich weiß. Meine Mama hat auch gesagt, dass ich mit keinem Fremden mitgehen soll!“

Sie flüchten in einen Hauseingang, um das Ende des Gewitters abzuwarten.

„Das war ein toller Schlitten“, schwärmt Gabi.

„Schlitten hin, Schlitten her. Es ist besser so“, sagt Jessica mürrisch.

Endlich wird es heller. Die beiden laufen weiter. Als sie um die Ecke biegen, kommt ihnen Gabis Mama mit einem Regenschirm entgegen.

„Wo bleibt ihr so lange? Ich habe mir schon Sorgen gemacht!“

„Wir haben uns untergestellt“, sagt Jessica.

„Dann ist’s ja gut“, sagt Gabis Mutter erleichtert. „Ich habe nämlich eben in den Nachrichten gehört, dass wieder ein Kind entführt worden ist und da macht man sich eben Sorgen.“

Gabi und Jessica sehen sich an.

„Wir gehen doch nicht mit einem Fremden mit“, sagt Jessica.

„Tschüss – und danke!“, sagt Gabi, als sie sich vor der Haustür verabschieden. „Danke wofür?“, fragt Jessica.

„Na, du weißt schon!“, sagt Gabi.

Ursel Scheffler

1

- Was nimmt Jessica unter den Arm?
- Warum möchte Gabi in das Auto einsteigen?
- Wofür bedankt sich Gabi bei Jessica?

Gulaschtulpen

Großmutter backt eine Riesentorte. Morgen ist Großvaters siebzigster Geburtstag. Alle Kinder und Enkelkinder werden zu Besuch kommen. Auf dem Fensterbrett steht ein großer Gugelhupf zum Auskühlen. Großmutter seufzt. Wenn alle zusammenkommen, gibt es meistens Krach. Beim Essen trägt der Großvater eine Pfeife um den Hals. In seiner Hemdtasche hat er gelbe und rote Karten. Er pfeift ab, wenn die Söhne gar zu wild streiten. Sie streiten über Politik. Übers Fernsehen. Über Automarken. Über Kindererziehung. Über alles. Das Einzige, worin sie sich einig sind, ist Großmutters Gugelhupf. Den finden alle herrlich.

Weil die Söhne immer streiten, streiten auch ihre Frauen. Und ihre Kinder. Aber Großvater will alle an seinem Geburtstag bei sich haben. Er hat sie alle lieb.

Die Großmutter liebt Frieden und Blumen. „Ich hab eine Idee“, sagt sie zum Großvater. „Ich werde ein besonders scharfes Gulasch kochen, dann kann keiner mehr reden und wenn sie nicht reden können, können sie auch nicht streiten.“ Großvater lächelt. „Bring mir doch bitte einen Korb Zwiebeln aus dem Keller“, sagt Großmutter.

Großvater holt die Zwiebeln nicht nur, er schält sie auch und schneidet sie in kleine Stücke. Bald brutzeln Zwiebeln und Fleisch im Topf. Großvater streut Kümmel hinein. Großmutter mahlt Pfeffer darüber.

Großvater quetscht Knoblauch durch die Presse. Großmutter bröselt Majoran dazu. Zuletzt gibt Großvater einen großen Löffel Paprika in den Topf und Großmutter einen kleinen Löffel Salz. Sie schnuppern am Gulasch und sind zufrieden.

Am nächsten Tag kommen die drei Söhne, ihre Frauen und Kinder mit Geschenken für den Großvater. Die Großmutter bittet sofort zum Essen. Sie stellt den Gulaschtopf auf den Tisch und macht den Deckel auf. Zuerst dampft ein köstlicher Duft heraus. Und dann quellen Tulpen über den Tisch. Rote Tulpen, gelbe Tulpen, Papageientulpen, Lilientulpen, Tulpen, Tulpen und wieder Tulpen. Alle Münder stehen offen. Eine Tulpe wächst dem kleinen Philip vor die Nase und kitzelt ihn. Er muss niesen. Alle lachen. Großvater kratzt sich am Hinterkopf. „Da muss ich doch gestern tatsächlich die Zwiebeln verwechselt haben“, murmelt er. „Tulpenzwiebeln statt Gulaschzwiebeln … Na, so etwas. Ich werde eben doch alt.“ Großmutter tätschelt dem Großvater die Hand. Und die Söhne, ihre Frauen und Kinder streiten an dem ganzen Tag nicht ein einziges Mal.

Renate Welsh

1 Warum streitet die Familie an diesem Tag nicht?

2 Male ein Bild zu der Geschichte.

→ S. 195: Einen eigenen Schluss schreiben

Schmökertext

Rico trifft Oskar

Rico sagt von sich selbst, dass er ein tiefbegabtes Kind ist. Das heißt, er denkt langsamer als andere Menschen und zwischendurch fallen ihm ein paar Sachen aus dem Gehirn. Außerdem kann er sich nicht gut konzentrieren und verliert oft den roten Faden. In seinem Tagebuch hat er aufgeschrieben, wie er Oskar kennengelernt hat.

Ich ging langsam über den Gehsteig, den Blick auf die grauen Pflastersteine am Boden gerichtet. Ich sah ein zerknülltes Papierchen. Ich sah ein paar Scherben, die vor den großen Altglascontainern verstreut lagen, und eine ausgetretene alte Zigarettenkippe. Dann sah ich zwei kleine Füße mit hellen Strümpfen in offenen Sandalen.

Ich hob den Kopf. Der Junge, der da vor mit stand, reichte mir so gerade an die Brust. Das heißt, sein dunkelblauer Sturzhelm reichte mir bis an die Brust. Es war ein Sturzhelm, wie ihn Motorradfahrer tragen. Ich hatte gar nicht gewusst, dass es die auch für Kinder gibt. Er sah völlig beknackt aus. Das Durchguckding vom Helm war hochgeklappt.

„Was machst du da?“, sagte der Junge. Seine Zähne waren riesig. Sie sahen so aus, als könnte er damit ganze Stücke aus großen Tieren rausbeißen.

„Ich suche was.“

„Wenn du mir sagst, was, kann ich dir helfen.“

„Eine Nudel.“

Er guckte sich ein bisschen auf dem Gehsteig um. An seinem kurzärmeligen Hemd, bemerkte ich, war ein winziges knallrotes Flugzeug befestigt wie eine Brosche. Eine Flügelspitze war abgebrochen. Zuletzt guckte der kleine Junge kurz zwischen die Büsche vor dem Zaun vom Spielplatz, eine Idee, auf die ich noch gar nicht gekommen war.

„Was für eine Nudel ist es denn?“, sagte er.

„Auf jeden Fall eine Fundnudel. Eine Rigatoni, aber nur vielleicht. Genau kann man das erst sagen, wenn man sie gefunden hat, sonst wäre es ja keine Fundnudel. Ist doch wohl logisch, oder?“

„Hm …“ Er legte den Kopf leicht schräg. Der Mund mit den großen Zähnen drin klappte wieder auf.

„Kann es sein, dass du ein bisschen doof bist?“

Also echt!

„Ich bin ein tiefbegabtes Kind.“

„Tatsache?“ Jetzt sah er wirklich interessiert aus.

„Ich bin hochbegabt.“

Nun war auch ich interessiert. Obwohl der Junge viel kleiner war als ich, kam er mir plötzlich viel größer vor. Es war ein merkwürdiges Gefühl.

Wir guckten uns so lange an, dass ich dachte, wir stehen hier noch, wenn die Sonne untergeht. Ich hatte noch nie ein hochbegabtes Kind gesehen, außer mal im Fernsehen.

„Ich muss jetzt weiter“, sagte ich endlich zu dem Jungen. „Bevor es dunkel wird. Sonst verlaufe ich mich womöglich.“

„Wo wohnst du denn?“

„Da vorn, das gelbe Haus. Die 93. Rechts.“

Ich ärgerte mich im selben Moment, dass ich rechts gesagt hatte. Ich wusste nicht wirklich, ob es rechts war oder nicht doch eher links.

Der Junge schaute an meinem ausgestreckten Arm entlang. Als er die 93 sah, rutschte seine Stirn erst rauf, als wäre ihm gerade eine tolle Erleuchtung gekommen oder so was, und dann wieder runter, als würde er gründlich über etwas nachdenken.

Zuletzt wurde seine Stirn wieder ganz glatt und er grinste.

„Du bist wirklich doof, oder? Wenn man etwas direkt vor Augen hat und nur geradeaus gehen muss, kann man sich unmöglich verlaufen."

„Ach ja? Ich kann das. Und wenn du wirklich so schlau wärst, wie du behauptest, wüsstest du, dass es Leute gibt, die das können."

„Ich –"

„Und ich sag dir noch was: Es ist kein bisschen witzig! Ich hab mir nicht ausgesucht, dass aus meinem Gehirn manchmal etwas rausfällt! Ich bin nicht freiwillig dumm oder weil ich nicht lerne!"

„Hey, ich –"

„Aber du bist ja wohl eins von den Superhirnen, die alles wissen und dauernd mit irgendwas angeben müssen!"

Es ist total peinlich, aber wenn ich mich heftig über etwas aufrege, zum Beispiel Ungerechtigkeit, fange ich an zu heulen. Ich kann überhaupt nichts dagegen machen. Der Junge kriegte ganz erschreckte Augen unter seinem Sturzhelm.

„Jetzt wein doch nicht! Ich hab das gar nicht so –"

Der Junge sagte gar nichts mehr. Er guckte runter auf seine Sandalen. Dann guckte er wieder hoch. Er streckte eine Hand aus. Sie war so klein, dass sie doppelt in meine passte.

„Ich heiße Oskar", sagte er. „Und ich möchte mich aufrichtig bei dir entschuldigen. Ich hätte mich nicht über dich lustig machen dürfen. Das war arrogant."

Ich hatte keine Ahnung, was er mit dem letzten Wort meinte, aber die Entschuldigung hatte ich verstanden. Man muss nett sein, wenn jemand sich entschuldigt. Wenn einer nur so tut als ob, kann man ruhig weiter sauer sein, aber Oskar meinte es aufrichtig. Hatte er ja gesagt.

„Ich heiße Rico", sagte ich und schüttelte seine Hand.

Andreas Steinhöfel, Peter Schössow

Schwere Zeiten

Theo hat mal wieder keine Hausaufgaben gemacht. „Theo, so geht das nicht!“, schimpft Frau Zangel. Bei Theo hilft das Schimpfen aber nicht. Im Unterricht kaspert er herum und kann nicht still sitzen. „Hast du Flöhe in der Hose?“, ruft Frau Zangel ärgerlich. Theo fällt das Aufpassen sehr schwer. Wenn Frau Zangel ihn etwas fragt, dann weiß er oft keine Antwort. „Träum nicht schon wieder!“, schimpft ihn Frau Zangel. „Bald platzt mir der Kragen!“ Manchmal sitzt Theo einfach nur stumm in der Ecke. Dann hat er keine Lust auf Späße. Dann will er einfach in Ruhe gelassen werden.

Einmal hat Theo Streit mit Till. Er knallt Till die Schultasche auf die Nase. Till blutet und muss verarztet werden. „Jetzt habe ich aber genug!“, schreit Frau Zangel. „Ich werde ein ernstes Wort mit deinen Eltern reden!“ Da fängt Theo zu weinen an. Er schluchzt erbärmlich und kann gar nicht mehr aufhören.

Frau Zangel geht mit Theo vor die Tür und fragt ihn: „Was ist nur los mit dir?“ Erst schweigt Theo. Plötzlich sagt er leise zu ihr: „Meine Eltern lassen sich scheiden.“ Die Lehrerin sagt eine Weile gar nichts. Dann nimmt sie Theo ganz fest in den Arm. Sie wischt ihm die Tränen ab und sagt: „Na, dann werden wir ab jetzt ganz fest zusammenhalten! Was meinst du?“ „Find ich gut“, sagt Theo. Und er geht mit Frau Zangel zurück ins Klassenzimmer.

Erhard Dietl

Sich vor dem Lesen Gedanken zum Text machen

Schon bevor du einen Text liest, kannst du die Überschrift nutzen. Sie lenkt deine Gedanken in eine bestimmte Richtung.

So schaffst du das

- Lies die Überschrift.
- Stelle dir vor, was in dem Text passieren könnte.
- Überlege nach dem Lesen, ob deine Erwartungen passten.

Auf dem kürzesten Weg nach Hause

„Und heute Mittag wird auf dem Heimweg nicht gebummelt“, sagt Kims Mama. „Du kommst auf dem kürzesten Weg nach Hause.“ „Ist gut, Mama“, sagt Kim. Obwohl sie sonst gerne bummelt, will sie Mamas Wunsch erfüllen.

Nach der letzten Stunde verlässt Kim die Schule. Sie geht nicht wie gewohnt durch den Vorderausgang. Kim rennt hinter der Schule über den Bolzplatz, geht die Böschung hinauf und kriecht oben durch das dichte Gebüsch. Vor ihr plätschert ein kleiner Bach.

Kim zieht die Schuhe aus und watet zum anderen Ufer. Barfuß geht sie weiter, bis sie vor einem Bretterzaun steht. Kim zieht die Schuhe wieder an. Sie wirft die Schultasche über den Zaun und klettert hinterher. Vor ihr liegen viele kleine Gärten. Vorsichtig stelzt Kim über Blumenbeete, kniehohe Zäune, Salate und Kohlköpfe. Sie klettert über eine leere Hundehütte und schließlich wieder über einen Bretterzaun. Endlich hat Kim die Gärten hinter sich. Sie überquert eine Straße und hat schon wieder ein Problem.

Mitten auf dem kürzesten Weg steht ein Haus. Sie schaut nach oben. Wie soll sie da hinauf- und auf der anderen Seite wieder hinunterkommen? Im selben Moment kommt Sven aus dem Haus. Sven geht in Kims Klasse. „Darf ich mal kurz in euer Haus?“, fragt sie Sven. „Ja, klar, wieso?“, erwidert Sven. „Erzähl ich dir morgen!“, ruft Kim. Sie rennt ins Haus und durch die Hintertür hinaus auf den Hof. Von dort führt eine schmale Gasse in die Fußgängerzone. Kim schlendert schnurgerade durch ein Kaufhaus. Danach muss sie noch über den Zebrastreifen und über den Spielplatz, schon ist sie zu Hause.

„Wieso kommst du so spät?“, fragt Mama vorwurfsvoll. „Aber Mama“, sagt Kim, „auf dem kürzesten Weg geht es nicht schneller.“

Werner Färber

Ein Baum zum Nachdenken

Vielleicht war es genau jener Baum,
auf dem später ein Eichhörnchen saß
und überlegte: „Wie schön wäre es, jemand anderes zu sein.
Ich könnte ein Baum sein. Aber nein, dann würden sich die Vögel
auf mich setzen! Eine Mücke vielleicht? Nein, dann würde ich
von einem Frosch verschluckt. Ein Fisch? Oh, dann würde mich
die Wasserschlange verspeisen!“
„Ach nein“, entschied das Eichhörnchen, „es ist doch am besten,
ich bleibe ein Eichhörnchen und springe von Baum zu Baum.“

S. 196: Ein Haiku schreiben

Eine Straße für die Ameisen

Ameisen mögen alles, was süß ist.
Deshalb kannst du sie mit Honig anlocken.

Das brauchst du:
Honig,
Marmeladenglas-Deckel,
Wasser in einer Flasche
mit Schraubverschluss,
Ästchen oder
Eisstäbchen als Brücken

So wird es gemacht:

- Sieh nach, wo Ameisen krabbeln.
- Fülle den Schraubverschluss mit Honig.
- Baue alles wie auf dem Bild auf.
- Tauche einen nassen Finger in den Honig und ziehe eine Spur zu jedem Hölzchen. Das ist ein Wegweiser für die Ameisen.

Bestimmt wird bald eine Ameise den Honigduft bemerken und sich auf die Suche machen. Jetzt muss die Ameise die richtige Brücke finden. Dann sagt sie den anderen Ameisen Bescheid, dass es hier etwas zu holen gibt. Dazu legt sie eine Duftspur.
Die anderen Ameisen brauchen nur der Duftspur nachzuwandern, um auch ans Ziel zu kommen. Vertausche nun die Brücken.
Wie lange brauchen die Ameisen, bis sie den neuen Weg finden?

1 Suche weitere Wald-Experimente.

Das Häuschen im Wald

Es fuhr einmal ein armes Dienstmädchen mit seiner Herrschaft durch einen großen, dunklen Wald. Da kamen Räuber und nahmen alles mit, nur das Mädchen nicht. Es hatte sich hinter einem Baum versteckt. Als die Räuber mit ihrer Beute fort waren, fing es bitterlich an zu weinen: „Was soll ich nur anfangen? Ich werde bestimmt verhungern." Nach einiger Zeit kam ein weißes Täubchen angeflogen, mit einem goldenen Schlüssel im Schnabel. Diesen legte es dem Mädchen in die Hand und sprach: „Siehst du dort den großen Baum? Darin ist ein kleines Schloss, das schließ mit dem Schlüsselchen auf. Du wirst dort Speise genug finden." Das Mädchen schloss den Baum auf und fand Milch in einem kleinen Schüsselchen und Weißbrot. Als es satt war, sprach es: „Ich bin so müde, ich würde gerne schlafen." Da kam das Täubchen mit einem anderen goldenen Schlüssel und sagte: „Schließ den Baum dort auf und du wirst ein Bett finden." Das machte das Mädchen und fand ein schönes, weiches Bett. Es legte sich hin und schlief ein. Am nächsten Morgen kam das Täubchen zum dritten Mal. Es brachte wieder ein Schlüsselchen und sagte: „Schließ den Baum dort auf und du wirst Kleider finden." Und das Mädchen fand Kleider aus Gold, mit Edelsteinen besetzt. So lebte es da eine Zeit lang und das Täubchen kam jeden Tag und sorgte für alles, was das Mädchen brauchte. Einmal sprach das Täubchen: „Willst du mir einen Gefallen tun?" „Von Herzen gern", sagte das Mädchen. Da sprach das Täubchen: „Ich will dich zu einem kleinen Häuschen führen. Am Herd wird eine alte Frau sitzen und dir guten Tag sagen. Aber gib ihr keine Antwort, egal, was sie macht. Geh an ihr vorbei in die Stube. Auf dem Tisch

sind sehr viele Ringe. Die prächtigen Ringe lass aber liegen und bringe mir den schlichten, der auch auf dem Tisch liegen muss."

Das Mädchen ging zu dem Häuschen. Da saß eine alte Frau und sprach: „Guten Tag, mein Kind."

Das Mädchen gab keine Antwort und ging auf die Stubentür zu. „Ei! Wohin willst du?", rief die Frau, fasste das Mädchen am Rock und wollte es festhalten. „Das ist mein Haus, da darf niemand herein."

Das Mädchen schwieg still, machte sich von ihr los und ging in die Stube hinein. Da lag nun auf dem Tisch eine übergroße Menge von Ringen, die glitzerten und schillerten ihm vor den Augen. Es suchte nach dem schlichten, konnte ihn aber nicht finden. Als es so suchte, sah das Mädchen die Alte, die einen Vogelkäfig in der Hand hatte und damit fort wollte. Es nahm der Frau den Käfig aus der Hand und sah, dass der Vogel darin den schlichten Ring im Schnabel hatte.

Das Mädchen lief schnell hinaus und lehnte sich an einen Baum, um auf das weiße Täubchen zu warten. Es kam dem Mädchen so vor, als würde der Baum weich und biegsam und senke seine Zweige herab. Auf einmal waren die Zweige zwei Arme und wie es sich umsah, war der Baum ein schöner Mann, der es umarmte und sagte: „Du hast mich erlöst. Die Alte ist eine Hexe, die mich in einen Baum verwandelt hat. Jeden Tag für ein paar Stunden war ich eine weiße Taube. Solange sie den Ring besaß, konnte ich meine menschliche Gestalt nicht wieder erhalten."

Zusammen fuhren sie in sein Reich, denn er war ein Königssohn. Sie heirateten und lebten glücklich bis an ihr Lebensende.

nach den Gebrüdern Grimm

1 Welche Märchen kennst du, die auch im Wald spielen?

Einen König
und einen Baum
erkennt man ohne
Krone kaum! Der Baum ist auf
die Krone stolz
und auf den
Baum-
stamm
ganz
aus
HOLZ!

Paul Maar

Hexenringe

Als Hexenring wird eine kreisförmige Ansammlung von Pilzen bezeichnet. Die Menschen im Mittelalter waren sich sicher, dass jedem Schreckliches passieren wird, der so einen Hexenring betritt, weil sie Versammlungsorte von Feen und Hexen sind. Aber es gibt eine einfache Erklärung für diese Ringe: Rund 60 Pilzarten wachsen in Kreisform aus der Erde. Was der Pilzsammler mit nach Hause nimmt, ist nur die Frucht des Pilzes. Der eigentliche Pilz ist ein Wurzelgeflecht im Boden. Am Ende der Wurzelfäden wachsen die Fruchtkörper kreisförmig aus dem Boden. Hexenringe haben einen Durchmesser von 20 Zentimetern bis zu einigen Metern. Der ausgedehnteste bisher entdeckte Ring war 150 Meter groß.

1 Was fällt dir bei dem Gedicht von Paul Maar auf?

2 Schreibe Pilzsätze in Pilzform auf.

Nüsse und Melonen

An einem heißen Spätsommertag lag Nasreddin unter einem Walnussbaum, genoss den kühlen Schatten und kam ins Grübeln.

„Da drüben ist ein Feld voller reifer Wassermelonen. Eine Melone größer als die andere“, sagte er zu sich. „Ist es nicht merkwürdig, dass Gott so große Früchte an einer so kleinen Pflanze wachsen lässt und so kleine Walnüsse an einem riesengroßen Baum?“

In diesem Moment fiel eine reife Walnuss vom Baum und traf Nasreddin auf den Kopf. Er rieb sich den Schädel, schaute nach oben, nickte und sagte: „Gott, du hast es schon richtig gemacht. Wie gut, dass auf diesem Baum nicht Wassermelonen wachsen.“

Das Blatt

Charles M. Schulz

1 Was fällt euch auf, wenn ihr Text und Comic vergleicht?

2 Suche weitere Geschichten von Nasreddin.

Das wandernde Bäumlein

Vor einiger Zeit habe ich ein Bäumlein – eine dünnstämmige, doch schon kräftige Buche – wandern gesehen. Nein, ich spinne nicht. Meine Fantasie geht nicht mit mir durch. Das Bäumlein ist uns durchgegangen. Und wie!

Es begann damit, dass es als Keimling durch eine Buchecker stieß und wie ein bleicher Regenwurm aus der Erde guckte.
Die Sonne – endlich schien sie mal! – zog an dem Würmchen, wärmte es und nach einiger Zeit trieb es winzige Blätter. Natürlich brauchte es die Hilfe der guten Waldgeister, der plattschwänzigen Schrate, der krummschwänzigen Trolle, der Erdmännchen und Elfen. Zum Beispiel könnte ein Reh oder ein Hase es entdecken und auffressen. Aus wär's mit dem Bäumlein.
Es kam jedoch durch und wuchs. Und begann seine Wanderschaft. Dabei half ihm der Förster. Er grub das Pflänzchen aus und erklärte es zum Setzling. Ein Setzling sitzt nach der Vorstellung von Menschen, die eben wie Menschen denken und nicht wie Bäume, in einer Baumschule.
Da kann sich die kleine Buche nur schütteln. Für sie gibt es keine Schule. Sie braucht das Wachsen und das Blätterkriegen nicht zu lernen. Sie kann es.
Und sie wächst – mit Schwung!
Nach zwei Jahren gräbt der Förster sie wieder aus und bringt sie zu dem Platz, den er extra für sie ausgewählt hat. Da soll sie bleiben, mächtig werden und Schatten spenden.

Die Buche lernt alle Wetter kennen und alle Winde. Sie wird immer kräftiger und geschmeidiger. Sie richtet sich für ein langes, standfestes Buchenleben ein.
Aber da hat sie nicht mit den Menschen gerechnet.

Eines Tages sieht sie sich von Maschinen umstellt. Es sind Baumaschinen. Die Erde wird aufgerissen. Die Bagger haben sich schon bis an ihre Wurzeln gefressen. Im letzten Augenblick rettet sie der Förster. Fluchend gräbt er das Bäumlein aus, legt es vorsichtig auf den Anhänger und fährt mit ihm tiefer in den Wald hinein.

Wieder muss es Fuß fassen, Wurzeln schlagen. Doch die Wurzeln schmerzen und krümmen sich. Sie vertragen die Erde nicht. Die Rinde beginnt sich vom Stamm zu schälen. Es ist beinahe zu spät, als der Förster sie besucht. Er gräbt sie wieder aus und entdeckt lauter Unrat in der Erde, Abfall, den die Menschen dort verscharrt haben.

Es muss doch mal gut gehn, Bäumlein, sagt der Förster und trägt es an den Waldrand. Dort wächst die kleine Buche weiter. Sie wird ein stattlicher Baum.

Nun beobachtet sie mit Schrecken, dass am Waldrand Häuser gebaut werden. Sie mag es, wenn Kinder um sie herum spielen oder wenn sich jemand in ihren Schatten legt. Dazu ist sie auch da. Sie fragt sich, wie lange es dauern wird, bis die Maschinen den Wald erreicht haben. Was dann geschieht? Zum Wandern ist sie zu groß. Sie muss bleiben. Sie muss abwarten. Sie möchte noch lange wachsen. Sie fragt sich, ob die Menschen ab und zu auch an ihre stummen Nachbarn, die Bäume, denken. Peter Härtling

1

- Wie guckt der Keimling aus der Erde?
- Warum braucht die kleine Buche keine Schule?
- Warum beobachtet die Buche mit Schrecken, dass am Waldrand Häuser gebaut werden?

Vom Bäumlein, das andere Blätter hat gewollt

Es ist ein Bäumlein gestanden im Wald
in gutem und schlechtem Wetter,
das hat von unten bis oben halt
nur Nadeln gehabt, statt Blätter.
Die Nadeln, die haben gestochen,
das Bäumlein hat gesprochen:
„Dürft ich wünschen, wie ich wollt,
wünscht ich mir Blätter von lauter Gold.“

Wie's Nacht ist, schläft das Bäumlein ein
und früh ist's aufgewacht.
Da hat es goldene Blätter fein,
das war eine Pracht.
Das Bäumlein spricht: „Nun bin ich stolz,
goldne Blätter hat kein Baum aus Holz.“

Aber wie es Abend ward,
ging ein Bauer durch den Wald
mit großem Sack und langem Bart,
der sieht die goldnen Blätter bald.
Er steckt sie ein, geht eilends fort
und lässt das leere Bäumlein dort.

Das Bäumlein spricht mit Grämen:
„Die goldnen Blätter ärgern mich,
ich muss vor den andern mich schämen,
sie tragen so schönes Laub an sich.
Dürft ich mir wünschen noch etwas,
so wünscht ich mir Blätter von hellem Glas.“

Da schlief das Bäumlein wieder ein
und früh ist's wieder aufgewacht.
Da hat es gläserne Blätter fein,
das war eine Pracht!
Das Bäumlein sprach: „Nun bin ich froh,
kein Baum im Walde glitzert so.“

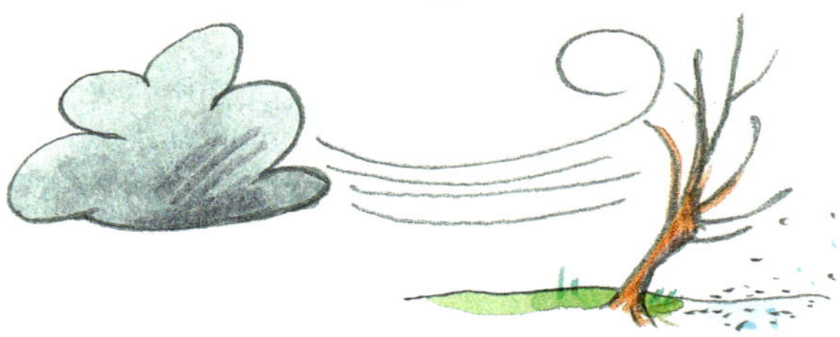

Da kam ein großer Wirbelwind
mit einem argen Wetter,
der fährt durch alle Bäume geschwind
und kommt an die gläsernen Blätter.
Da lagen die Blätter von Glase
zerbrochen in dem Grase.

Das Bäumlein spricht mit Trauern:
„Mein Glas liegt in dem Staub.
Die andern Bäume stehen
mit ihrem grünen Laub.
Wenn ich mir noch was wünschen soll,
wünsch ich mir grüne Blätter wohl.“

Da schlief das Bäumlein wieder ein
und wieder früh ist’s aufgewacht,
da hat es grüne Blätter fein.
Das Bäumlein lacht
und spricht: „Nun hab ich doch Blätter auch,
dass ich mich nicht zu schämen brauch.“

Da kommt mit vollem Euter
die alte Geiß gesprungen.
Sie sucht sich Gras und Kräuter
für ihre Jungen.
Sie sieht das Laub und fragt nicht viel,
sie frisst es ab mit Stumpf und Stiel.

Da war das Bäumlein wieder leer,
es sprach nun zu sich selber:
„Ich will nun keine Blätter mehr,
weder grüner, noch roter, noch gelber.
Hätt ich nur meine Nadeln,
ich wollte sie nicht tadeln.“

Und traurig schlief das Bäumlein ein
und traurig ist es aufgewacht.
Da besieht es sich im Sonnenschein
und lacht und lacht!
Alle Bäume lachen’s aus,
das Bäumlein macht sich nichts daraus.

Warum hat Bäumlein denn gelacht
und warum denn seine Kameraden?
Es hat bekommen über Nacht
wieder alle seine Nadeln.

nach Friedrich Rückert

1 Welche verschiedenen Blätter trägt das Bäumlein?

2 Das Bäumlein spricht jedes Mal anders.
Probiere es mit deiner Stimme aus.

S. 201: Einen Text nachspielen

Theater im Schuhkarton

Du brauchst:
einen großen Schuhkarton,
Wasserfarbe, Wachsmalstifte,
farbiges und weißes Tonpapier,
Klebstoff, Schere, Kartonstreifen

Schneide in die Längsseiten des Schuhkartons jeweils zwei Schlitze.
Schneide vorne ein rundes Guckloch hinein.
Gestalte den Boden des Kartons und die Wände so,
dass sie zum Wald passen.

Aus grünem und braunem Tonpapier
stellst du Bäume und Büsche her.
Klebe sie vor der Rückwand des Kartons
am Boden fest.

Gestalte die Spielfiguren. Sie dürfen nicht so hoch wie der Karton sein.
Bastle das Bäumlein in seinen unterschiedlichen Verkleidungen
aus Tonpapier. Die verschiedenen Bäumlein treten
von links auf. Sie bekommen an der linken Seite
einen Kartonstreifen.

Bauer, Wirbelwind und Geiß kannst du
aus farbigem Tonpapier ausschneiden oder
auf weißes Tonpapier malen.
Achte darauf, dass alle Figuren nach links schauen,
da sie von rechts auftreten.
Sie haben an der rechten Seite einen Kartonstreifen.

1 Baut das Schuhkarton-Theater.

2 Führt das Stück vom Bäumlein,
das andere Blätter gewollt hat, auf.

Wissenswertes über den Baum

In und auf einem Baum leben Tausende verschiedener **Insekten.** Sie ernähren sich von Wurzeln, Holz, Blüten und Früchten. Sehr bekannt und gefürchtet ist der Borkenkäfer, da er das Holz des Baumes frisst. Gibt es zu viele Borkenkäfer, sterben die Bäume ab. Der Baumstamm hält für viele Tiere, wie zum Beispiel den Specht, Käuze oder den Baummarder, gemütliche Höhlen bereit. Verschiedene **Vogelarten** bauen in den Blättern ihre Nester. Ganz oben in der Baumkrone wohnen die Krähen.

Die **Baumrinde** ist rau, weil ein Baumstamm von innen nach außen in die Breite wächst. Während er dicker wird, platzt die äußere Schicht auf und bildet eine raue Rinde. Vor allem bei Bäumen, die schnell wachsen, wie Tannen oder Fichten, ist die Rinde sehr rau. Sie hat kaum Zeit, sich zu dehnen und platzt besonders schnell. In die Höhe wächst der Baumstamm nur an der Spitze.

1 Was steht im Text über die Baumrinde? Berichte.

Schmökertext

Potilla

Am östlichen Rand des Waldes war es still. Nichts war zu hören von den Hilferufen der Feen. Nur der Wind raschelte etwas lauter als sonst in den Blättern. Ein Junge kam den schmalen Weg am Waldrand entlanggetrottet. Er hieß Arthur und er hatte seine eigenen Sorgen. Seine Eltern hatten ihn für zwei Wochen bei seiner Tante abgegeben. Obwohl er erst drei Tage hier war, war er schon ganz krank vor Heimweh. Er mochte seine Tante nicht. Und noch weniger mochte er seine Vettern. Zwillinge. Sie waren drei Wochen jünger und einen ganzen Kopf größer als er. Besorgt sah er zum Himmel. Dort zogen sich dunkle Wolken zusammen. Die Ränder waren golden und rot von der untergehenden Sonne. In der Ferne war schon ein leises Grollen zu hören. Aber Arthur beschloss, nicht auf der Stelle zum Haus zurückzurennen. Obwohl er scheußliche Angst vor Gewittern hatte. Rings um ihn her rauschten die Blätter. Die Bäume wiegten die Zweige im Wind. Das Licht der Abenddämmerung wurde immer fahler. Ein paar Vögel schimpften. Ein Kaninchen huschte ins schützende Dickicht. Arthur pfiff vor sich hin, um sich Mut zu machen. Aber das klappte nicht. Der Wind wurde stärker und das Grollen schwoll bedrohlich an. Wie ein grauer Mantel legte sich die Dunkelheit über die Welt. Jetzt reicht's, dachte Arthur und drehte sich um. Da hörte er ein lautes Rascheln aus dem Wald. Etwas kam direkt auf ihn zu. Erschrocken duckte er sich hinter den nächstbesten Busch. Zwischen den Bäumen tauchte eine unheimliche Gestalt auf. Gebückt und krummbeinig stand sie da und sah sich um.

„So, meine Schöne!“, hörte Arthur eine raue Stimme flüstern.
„Hochwohlgeboren, spitz die Ohren!
Ehrenpreis und Menschenstrumpf
macht die Fee nun steif und stumpf.
Stille stehn nun Raum und Zeit,
und du schläfst in Ewigkeit!
Weg mit dir! Auf Nimmerwiedersehen!
Und viel Spaß in der Menschenwelt!“

Die Gestalt hob den Arm. Etwas flog durch die Luft – und landete mit einem dumpfen Plumps neben Arthur im Gras. Er wurde vor Schreck fast ohnmächtig. Die unheimliche Gestalt hüpfte von einem krummen Bein aufs andere und lachte dabei so sehr, dass es sie schüttelte. Arthur schlotterte vor Angst. Kalter Regen trommelte durch das Blätterdach und durchweichte seine Kleider.

Endlich hatte das unheimliche Wesen genug vom Tanzen. Es drehte sich um – und war verschwunden. Als hätte der Wald es verschluckt. Und nichts war zu hören als Donner und Regen.

Zögernd hob Arthur den klitschnassen Kopf. Neben ihm im Gras lag ein scheußlich gemusterter Strumpf, in dem offensichtlich irgendetwas steckte.

Einen Atemzug lang zögerte Arthur. Dann knotete er die merkwürdige Ranke auf, mit der der Strumpf verschnürt war – und griff hinein. Zum Vorschein kamen zwei Beine, nicht dicker als Bleistifte, mit winzigen Stiefeln aus rotem Samt. Als Arthur vorsichtig daran zog, rutschte ein schmaler Körper in einem wunderschön schillernden Kleid heraus. Arthurs Herz schlug schneller und seine Hand zitterte ein wenig, während er auch den Rest der sonderbaren Figur aus der Hülle schälte.

Ist doch bloß eine Puppe, sagte er sich und dachte im gleichen Moment, dass er noch nie so eine Puppe gesehen hatte. Behutsam legte er seine Hand unter den kleinen Kopf und starrte das Gesicht an.
Die Augen waren geschlossen. Ganz vorsichtig tippte Arthur mit dem Finger auf die spitze, schmale Nase. Die Haare der Puppe waren gelb, vielleicht aber auch ein bisschen blau. Feiner als Spinnenfäden, dachte Arthur und vergaß den Regen, den Donner und die Blitze. Nicht für einen Atemzug konnte er den Blick von der kleinen Figur abwenden.
Es war stockdunkel geworden. Die Bäume knarrten gespenstisch im Wind und der Weg war kaum noch zu erkennen. Hastig schob Arthur die Puppe zurück in den Strumpf. Mit pochendem Herzen machte er sich auf den Heimweg. Vor dem Gartentor holte er noch einmal tief Luft und stopfte seinen Schatz unter den nassen Pullover.

„Arthur, wo, um Himmels willen, warst du?“ So empfing ihn seine Tante, als er die Verandatür aufstieß. „Was hast du bloß bei diesem Wetter da draußen gemacht?“
Arthurs Vettern, Ben und Bruno, hörten auf, sich auf dem Teppich zu balgen. „He, Arthur, wie siehst du denn aus?“, fragte der eine.
„Klitschnass“, seufzte Tante Elsbeth. „Zieh dir bitte sofort etwas Trockenes an. Und – um Gottes willen! Kannst du mir sagen, wie ich das wieder sauber bekommen soll?“ Entgeistert starrte sie die Fußspur auf ihrem weißen Teppich an. Verlegen guckte Arthur auf seine matschverschmierten Schuhe.
„Arthur ist ein Schwein!“, kicherte einer der Zwillinge.
„Ich geh nach oben“, murmelte Arthur.
Der Strumpf unter seinem Pullover bewegte sich.
Hastig drehte er seiner Tante und den Zwillingen den Rücken zu.
Der Strumpf zappelte heftig, fast rutschte er aus seinem Versteck.
Bloß raus hier, dachte er.

Cornelia Funke

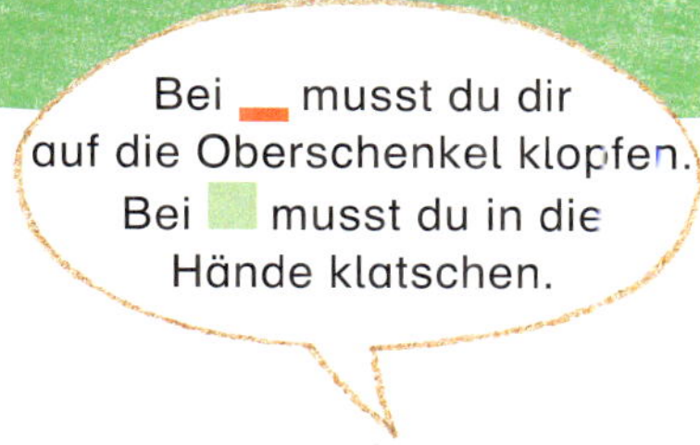

Zwergen-Rap

1. Ich sa - ge euch ganz ehr - lich,
im Wald ist es gefähr - lich,
denn geh ich dort spazie - ren,
dann kann es mir passie - ren,
dass ein Wolf oder Fuchs oder Ha - se oder Luchs
mich frisst, . . so'n Mist ! . . .

Ich bin ja nur ein klei - ner Zwerg
und wohn im Walde un - term Berg.
Ich hab 'nen Hut aus Filz –
und ess so gerne Flie - genpilz . . .

2. . . Vor den Wür - mern und den Schne - cken
kann ich mich ja leicht verste - cken,
auch die Kä - fer und die Ze - cken
können mich nicht leicht erschre - cken,
doch so'n Dachs oder Bär sind zu groß und zu schwer
für mich – fürch - ter - lich ! . . .

Ich bin ja nur ein klei - ner Zwerg
und wohn im Walde un - term Berg.
Ich hab 'nen Hut aus Filz –
und ess so gerne Flie - genpilz.

Auf dem Weg zum Leseprofi

In einem Text gezielt Informationen suchen

Um eine bestimmte Information zu finden, brauchst du nicht immer den ganzen Text zu lesen. Es genügt, wenn du den passenden Abschnitt liest.

So schaffst du das

- Überlege, welche Informationen wichtig sind, um eine bestimmte Frage zu beantworten.
- Lass deine Augen über den Text wandern, bis du eine Stelle findest, die dir Antwort auf deine Frage gibt.
- Lies nun diese Stelle sehr genau.

Die Teile des Baumes

Die **Blätter** geben Feuchtigkeit und Sauerstoff an die Luft ab. Im Herbst lassen alle Laubbäume ihre Blätter fallen, damit sie nicht verdursten.

Ein **Ast** hat viele Zweige. An den Zweigen hängen die Früchte. In den Früchten befinden sich die Samen des Baumes. In den Ästen wohnen unterschiedliche Tiere. Sie bauen dort ihre Nester.

Die Rinde schützt den Baum vor Schädlingen
und vor dem Austrocknen.
Durch den **Stamm** wird das Wasser von
den Wurzeln zu den Blättern transportiert.

Schneidet man den Stamm durch, sieht man
die **Jahresringe.** Wenn du die Jahresringe zählst,
kannst du das Alter des Baumes bestimmen.
Während der Stamm wächst, entstehen immer
neue Ringe: in jedem Frühjahr ein heller Ring
und in jedem Herbst ein dunkler Ring.
Breite Ringe erzählen von Jahren mit viel Licht
und Feuchtigkeit. Schmale Ringe deuten
auf schlechte Jahre hin, in denen es zum Beispiel
zu trocken oder zu kalt war.

Der Baum erhält durch seine **Wurzeln** Wasser.
Im Herbst nehmen die Wurzeln weniger Wasser auf.
Deshalb gelangt auch weniger Wasser in den
Stamm, in die Zweige und in die Blätter. Die Blätter
vertrocknen und fallen ab. Außerdem geben die
Wurzeln dem Baum im Boden Halt.
So bleibt er auch bei Stürmen sicher stehen.

Come sta? Sto bene

Es war einmal ein Mann,
der hörte am allerbesten.
Den fragten wir: „Wie geht's auf der Welt?
Was gibt es Neues im Westen?"

Er legte sein Ohr auf die Erde:
„In Frankreich traben drei Pferde.
Es springen auch vier Fohlen,
die hüpfen im Osten, in Polen.
In Dänemark, im Norden oben,
höre ich spielende Kinder toben.
Im Süden, in Italien, da
fragt einer den andern: ‚Come sta?'
‚Sto bene', spricht der andre jetzt.
‚Wie geht's?' – ‚Mir geht's gut',
heißt das übersetzt."

Möge es allen bene gehn,
die mit uns auf dieser Erde stehn.

Josef Guggenmos

1 Wie geht's? – Mir geht's gut.
Wie heißt das in anderen Sprachen?

→ S. 198: Ein Gedicht vortragen

Der Weltall-Schirm

Seit ihrem Geburtstag hat Maja einen dunkelblauen Schirm mit allen Planeten, einen richtigen Weltall-Schirm. Am Montag geht Maja zu ihrer Oma. Weil am Himmel schwarze Wolken aufziehen, nimmt sie ihren Schirm mit. Später scheint die Sonne wieder. Maja saust fröhlich nach Hause – ohne ihren Schirm. Zwei Tage danach will Oma zum Arzt gehen. Sie sieht, dass es heftig regnet. Schnell nimmt sie den Weltall-Schirm. Maja hat sicher nichts dagegen. Aber weil Oma schon etwas vergesslich ist und weil es nicht mehr regnet, bleibt der Schirm in der Arztpraxis stehen.

Eine Woche später gibt es ein starkes Gewitter. Doktor Eitel möchte auf dem Weg zu seinem Auto nicht nass werden. Gut, dass in der Ecke immer noch der Schirm mit den Planeten steht! Danach lässt er ihn in seinem Auto liegen. Am nächsten Morgen bringt Doktor Eitel seine Tochter Sandra mit dem Auto zur Schule. Weil am Himmel graue Wolken sind, nimmt Sandra den Schirm aus dem Auto mit.

Natürlich vergisst sie ihn in der Schule, weil am Mittag die Sonne wieder scheint. Wie alle vergessenen Sachen landet der Schirm in der Kiste beim Hausmeister.

Fünf Tage später klingelt es bei Maja. Ihre Kusine Elena steht vor der Tür mit einem dunkelblauen Weltall-Schirm. „Den Schirm habe ich aus der Fundkiste in meiner Schule mitgenommen, weil es nach Regen ausgesehen hat“, sagt Elena und stellt den Weltall-Schirm in den Schirmständer. Maja freut sich: „Endlich habe ich ihn wieder!“

1 Wo war der Schirm überall? Beachte die richtige Reihenfolge.

2 Wie lange hat Maja ihren Schirm nicht mehr gesehen?

In der neuen Stadt

Lena ist mit ihren Eltern umgezogen. Antonio, ihr Banknachbar, holt sie heute ab. Auf dem Weg zu seinem Haus will er ihr einiges in der neuen Stadt zeigen.

1 Lies auf Seite 53 genau und schreibe immer den ersten Buchstaben des richtigen Straßennamens auf. Bei diesem Buchstaben kannst du nachlesen, wohin Lena und Antonio weitergehen.

2 Lies die Buchstaben, die du aufgeschrieben hast. Wie heißt Omas Hund?

START Antonio holt Lena hier ab. Vor dem Haus sagt er: „Wir gehen gleich am Haus meiner Oma vorbei. Ihr Hund wartet am Zaun schon auf uns. Er möchte gestreichelt werden. Wir müssen den richtigen Weg gehen.“

B An diesem Spielplatz fehlt etwas Wichtiges für ein Fußballspiel.

E Der Brunnen ist schön. An der nächsten Kreuzung sagt Antonio: „Nun kannst du mein Haus schon sehen. Ich wohne im ersten Stock.“

G Hier gibt es auch einen Hund, aber er wartet nicht am Zaun.

K Auf welchem Tier sitzt Kaiser Wilhelm?

L Hier ist Antonios Haus. In welcher Straße wohnt er?

M Omas Hund geht hier nicht gern spazieren. Kein Baum weit und breit!

P Antonio und Lena haben den Hund gestreichelt. Antonio will Lena jetzt den Spielplatz zeigen, auf dem er oft Fußball spielt.

R Antonio will für sich und Lena Brezeln kaufen. „Wir gehen zur Bäckerei mit der Brezel. Dort gibt es die besten.“

S Dieser Bäcker backt besonders gute Sahnetorten, nicht Brezeln.

U Nun wollen sie durch das Wäldchen gehen. Antonio führt hier oft Omas Hund spazieren.

W Ein schönes Haus! Aber in welchem Stockwerk wohnt Antonio?

Z Die Brezeln sind wirklich gut. Antonio will Lena nun den Brunnen von Kaiser Wilhelm und seinem Pferd zeigen.

Papa wohnt jetzt anderswo

Meine Mama, mein Papa und ich, wir hatten uns früher wahnsinnig lieb. Alles war gut, bis zu dem Tag, als meine Eltern sich um die Zeitung stritten. Schon bald schrien sie sich dann immer öfter an, manchmal machten sie dabei sogar Sachen kaputt. Ich konnte gar nicht verstehen, warum sie das taten. Ein paar Mal hatte ich schon richtig Angst.

Eines Tages war mein Papa plötzlich weg. Nun war er nicht mehr da, wenn ich morgens aufwachte, und auch nicht, wenn ich abends schlafen ging. Auch beim Mittagessen war ich mit Mama allein. Da schmeckte mir das Essen gar nicht mehr. So sehr vermisste ich Papa.

Früher sind Papa und ich jede Woche auf die große Wiese im Park gegangen, um zusammen Fußball zu spielen. Er war der Torwart und ich durfte schießen. Meistens habe ich gewonnen! Ohne Papa macht mir das Fußballspielen gar keinen Spaß mehr.

Am schönsten war es, zusammen mit meinem Papa Bilder zu malen. Er malte eine Sonne und ich den Himmel dazu. Ich malte ein Haus und er die Familie, die darin wohnte. Jetzt fällt mir gar nichts mehr ein, was ich malen könnte.

Auch die Streiche machen mir keinen Spaß mehr. Mein Papa war nämlich immer ziemlich streng mit mir. Wenn ich etwas angestellt hatte, musste ich meistens Papas Schraubensammlung sortieren, bis er mit der Zeitung fertig war. Nun vermisse ich sogar diese Strafen.

Mama hat mir erklärt, dass mein Papa jetzt eine neue Familie hat. Eine neue Frau und sogar ein neues Kind! Außerdem wohnt er jetzt anderswo. Und Papa möchte, dass ich ihn dort besuchen komme.

Warum hat mein Papa eine neue Familie? Sind wir nicht genug für ihn? Habe ich etwas falsch gemacht? An diesem Abend kann ich gar nicht einschlafen …

An einem Sonntag besuche ich Papa zum ersten Mal. Er wohnt jetzt am anderen Ende der Stadt. Papa ist irgendwie ganz anders. Ich würde so gerne Fußball spielen. Aber ich sitze den ganzen Nachmittag mit seiner neuen Familie im Wohnzimmer.

Das ist schon lange her. Jetzt bin ich fast jedes Wochenende bei meinem Papa. Und im Sommer fahre ich mit ihm und seiner neuen Familie ans Meer. Wir planschen viel im Wasser und spielen alle zusammen am Strand. Das macht Spaß!

Und heute ist mein Geburtstag. Papas neue Frau hat eine riesige Torte für mich gebacken und Sophie, meine neue Schwester, singt sogar ein Lied für mich!

Jetzt habe ich verstanden, dass ich gar nichts falsch gemacht habe. Mein Papa hat mich immer noch genauso lieb. Und meine Mama hat mich immer noch genauso lieb. Nur, dass mein Papa jetzt woanders wohnt.

Gergely Kiss

Oma kann sich nicht erinnern

Jeden Dienstag, wenn die Mama zu Mittag nicht zu Hause ist, kommt die Oma und bringt Pizza mit. Jakob findet das schön. Die Oma hat immer Zeit. Sie hilft ihm bei der Hausaufgabe. Sie liest ihm vor. Sie spielt mit ihm Karten.

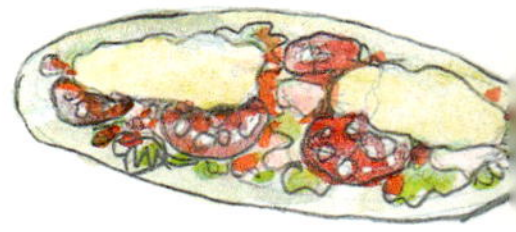

Manchmal braucht sie ein bisschen lang, um die Karten zu sortieren. Manchmal sucht sie erst ihre Brille, dann ihre Tasche und zuletzt ihr Handy. Manchmal fragt sie auch zweimal hintereinander das Gleiche. Aber das ist nicht so schlimm. Denn Jakob hat ja auch Zeit. Miriam ist nicht so geduldig wie Jakob. Einmal sagt sie sogar: „Denk doch mit, Oma!" Am Abend beschwert sich Miriam bei der Mama. „Die Oma hört überhaupt nicht zu, wenn man ihr was sagt! Die ganze Zeit fragt sie das Gleiche! Und fünf Minuten später weiß sie es wieder nicht!" Die Mama seufzt. „Die Oma merkt sich nicht mehr so gut, was man ihr sagt", sagt sie. „Auch, wenn sie sich bemüht. Ihr müsst ein bisschen Geduld mit ihr haben!"

Am Donnerstag sitzen Mama, Jakob und Miriam beim Mittagessen. Es gibt Kartoffeln, Spinat und Spiegeleier. Auf einmal läutet es. Jakob läuft zur Tür. Draußen steht die Oma. In der Hand hat sie zwei Pizzaschachteln. „Hallo, mein Kleiner", sagt sie und zieht sich die Schuhe aus. „Wie war es in der Schule?" „Wie immer", sagt Jakob. Da kommt auch schon die Mama. Entgeistert starrt sie auf die Pizzaschachteln. „Nanu?", fragt die Oma. „Du bist schon zu Hause?"

Die Mama schluckt: „Ich bin jeden Donnerstag zu Hause“, sagt sie. Die Oma wird ganz blass. „Du hast doch letztes Mal zu mir gesagt, ich soll heute kommen und Pizza mitbringen. Ich hab es mir sogar aufgeschrieben!“ Umständlich holt die Oma ihren Kalender aus der Tasche und blättert darin.

„Da schau her!“, ruft sie dann und zeigt auf ein Kalenderblatt. „Da steht es doch: Dienstag: Pizza!“

„Aber das war doch vorgestern!“, sagt Mama kopfschüttelnd. „Vorgestern war Dienstag! Und vorgestern warst du doch mit der Pizza da! Erinnerst du dich nicht?“

„Natürlich erinnere ich mich!“, ruft die Oma.

„Dann hast du mich einfach falsch verstanden“, meint die Mama. „Oder ich habe mich ungenau ausgedrückt. Aber wenn du schon da bist, dann komm doch auch herein.“

Die Oma kommt herein, aber sie ist beleidigt. Weil niemand mehr Pizza mag. Und weil sie sich vielleicht doch geirrt hat.

Jakob holt die Karten. Aber die Oma mag heute nicht Karten spielen und auch nicht vorlesen. Sie setzt sich mit ihrem Kalender auf das Sofa und schaut hinein. Bis ihr die Mama den Kalender wegnimmt. „Jeder kann sich einmal irren“, sagt sie. Dann bringt sie Jakobs zerrissene Hose und das Nähzeug. Die Oma flickt die Hose.

So schön, dass man den Riss gar nicht mehr sieht. Da ist auch die Oma wieder zufrieden. Dann spielt sie noch eine Partie Karten mit Jakob. Und weil sie zweimal die falsche Karte wegwirft, gewinnt Jakob auch noch. Manchmal ist es eben doch ganz gut, dass die Oma nicht mehr so scharf aufpasst wie früher.

Saskia Hula

1

- Was gibt es am Donnerstag zum Mittagessen?
- Warum kommt Oma mit Pizza?
- Was macht Jakobs Mutter, um Oma zu helfen?

Kanutouren für Familien auf der Rissach von Hellenberg nach Nordingen

Eine gemeinsame Kanufahrt macht Spaß und bringt Kinder und Erwachsene der Natur näher. Sie bleibt als Erlebnis lange in Erinnerung.

Wie verläuft die Kanutour?

- Bootsausgabe in Hellenberg von 10.00 Uhr bis 11.30 Uhr
- Dauer der Kanutour: 4 Stunden + Pause (14 km)
- Rastmöglichkeit: Picknick oder Einkehr
- Abgabe der Boote in Nordingen von 14.30 Uhr bis 18.00 Uhr
- Rückfahrt mit öffentlichem Bus
(Kanus werden von uns zurücktransportiert)

Welche Ausrüstung wird gestellt?

- Kanus für 2, 3 oder 4 Personen
- Pro Person: 1 Schwimmweste und 1 Paddel
- Pro Boot: 1 wasserdichte Stautonne für Wertsachen und Proviant

Welche Sicherheitshinweise sind zu beachten?

- In jedem Kanu muss mindestens ein Erwachsener mitfahren.
- Geschultes Personal erklärt den Umgang mit den Kanus.
- Jeder muss beim Aufenthalt auf dem Wasser eine Schwimmweste tragen.
- Die Kanus müssen um alle Wehre herumgetragen werden.

Was kostet die Kanutour?

Kinder von 4 bis 15 Jahren	8,– Euro
Erwachsene	10,– Euro

Achtung: Kanufahrten nur von Mai bis September

Die Familien Berger und Yilmaz wollen eine gemeinsame Kanufahrt machen. Drei Erwachsene und fünf Kinder sind dabei.
Herr Yilmaz hat einen Prospekt vom Kanuverleih mitgebracht.

Flusswanderkarte der Rissach

1. Einsatzstelle in Hellenberg: Hier werden die Kanus ins Wasser gesetzt und die Familien bekommen eine Einweisung.
2. Wiesendorf: Im Vorbeifahren kann man die alte Kirche mit den beiden Türmen sehen.
3. Picknickplatz am Flusspark Rissach-Aue: Tische und Bänke für Picknick sind da – bitte keine Abfälle zurücklassen!
4. Wehr in Drauburg: Ausstieg nach links vor der Holzbrücke – Kanus über die Brücke tragen – Einstieg nach der Brücke an der kleinen Biegung
5. Gasthof „Am schönen Fluss“ mit Biergarten und Spielplatz – Dienstag Ruhetag
6. Nordingen: Ende der Tour – Ausstieg links vor der Steinbrücke in der Mitte des Ortes – Kanuabgabe am Bootshaus – Bushaltestelle zur Rückfahrt auf dem Marktplatz

1 Was müssen die Familien planen, damit der Ausflug gelingt?

→ S. 194: Ideen in einem Cluster sammeln

Schmökertext

Eric und Flo in Afrika

Endlich ist es soweit: Eric darf mit seinem afrikanischen Papa nach Ghana fliegen und seine Oma besuchen. Seine Vatersprache ist Englisch und seine Muttersprache Deutsch, er hat also keine Angst vor dem fremden Land. Weil seine Mutter aber leider keinen Urlaub bekommt, darf Eric seinen besten Freund Flo mitnehmen. Das Flugzeug landet in Ghanas Hauptstadt Accra.

Flo und ich bleiben einen Moment auf der letzten Stufe der Treppe stehen. Dann hüpfen wir zusammen auf das Rollfeld.
„Ist das warm hier! Wie in einer Sauna!“, ruft Flo.
„Du bist in Afrika!“, sagt Papa lachend zu ihm.
Je näher wir zum Ausgang kommen, desto deutlicher kann ich die Gesichter der vielen wartenden Menschen erkennen.
Einer von ihnen ist Jerry, Papas Bruder.
Es ist schon fast dunkel, als wir in seiner Wohnung ankommen.
Nach dem Abendessen schickt Papa Flo und mich gleich ins Bett.
Wir müssen morgen früh schon um fünf Uhr aufstehen, um den Autobus zu bekommen, der zu dem Dorf fährt, in dem Oma wohnt.
Flo und ich können nicht gleich einschlafen. Wir reden noch miteinander über den Flug, über die schneeweißen Wolkenberge, das blau leuchtende Meer, das Menschengewimmel am Flughafen und die vielen schwarzen Menschen.
„Jetzt falle ich überall auf“, sagt Flo, „und du bist einer wie alle anderen mit deiner dunklen Haut.“
„Glaubst du, dass ich darüber richtig froh bin?“, sage ich.
„Und ich sehe jetzt mal, wie es dir bei uns immer geht“, sagt Flo.
Das finde ich gut, denke ich. „Morgen sind wir bei meiner Oma“, sage ich noch vor dem Einschlafen. Ob ich meine Oma auch gleich erkennen werde?

Schon als wir in Omas Dorf ankommen, sehe ich sie. Oma steht in ihrem Hofeingang, eingerahmt von einer Schar Frauen und Kindern und schaut uns entgegen. Sie lacht mich an. Sie streckt uns die Arme entgegen. Sie ist viel kleiner, als ich sie mir vorgestellt habe. Ich bin sogar schon etwas größer als sie. Zuerst nimmt sie Papa in die Arme. „Herzlich willkommen, mein Sohn!“, sagt Oma jetzt wohl schon zum dritten Mal auf Englisch. Flo und ich sind plötzlich von vielen Kindern umringt. Die Kleineren berühren vorsichtig unsere Haut, die ja viel heller ist als ihre. Denken sie etwa, dass sich weiße Haut anders anfühlt als schwarze? „Eric, mein Enkel, herzlich willkommen!“ Omas lange schmale Hände haben einen festen Griff. Ich schaue Oma nur an. „Schön, dass du da bist, Eric“, sagt sie. Ich schiele zu Flo hinüber, der zwischen den schwarzen Kindern wie ein helles Ausrufezeichen steht. Wie er sich wohl fühlt? „Ich habe einen Freund mitgebracht. Er heißt Flo“, sage ich zu Oma. Mit einem lauten und herzlichen „Willkommen“ streckt sie nun auch Flo die Arme entgegen und ruft in die Runde: „Mein Enkel Eric hat einen Freund aus Deutschland mitgebracht. Ist das nicht schön? Willkommen, willkommen!“ Sie ist ganz aufgeregt. Flo fängt an zu grinsen. Das macht er immer, wenn ihm etwas peinlich ist. Es ist ihm ganz bestimmt nicht angenehm, so im Mittelpunkt zu stehen.

Allmählich wird es dämmrig. Aba, meine Cousine, führt uns in unser Zimmer. Zwei Betten stehen darin. Ich schaue Flo an. So hat er sich unser Zimmer bestimmt nicht vorgestellt. Ich auch nicht: ohne Lampe, ohne Fenster, nur nackte Wände, die Betten an den Seiten. Wir ziehen uns aus und kriechen vorsichtig unter das Moskitonetz. Es ist eine Weile still zwischen Flo und mir. Ich möchte wissen, ob es Flo hier gefällt. Ich habe Angst, ihn danach zu fragen.

Es könnte ja sein, dass er lieber wieder nach Hause fahren würde. Und was mache ich dann? Jetzt, wo es so still ist, höre ich das Meeresrauschen bis in unser Zimmer hinein: Es rauscht und wird wieder leiser, es rauscht und wird wieder leiser, ohne Ende. „Hast du Heimweh?“, frage ich Flo. „Ja, ein bisschen“, sagt er. Da muss ich auch auf einmal an Mama zu Hause in Deutschland denken und einen kleinen Kloß im Hals herunterschlucken. „Und wie findest du meine Oma?“, frage ich, um ihn ein bisschen von seinem Heimweh abzulenken. Doch Flo muss wohl eingeschlafen sein.

Draußen vom Hof sind leise Stimmen zu vernehmen. Papa und Oma unterhalten sich in ihrer Stammessprache Nzema. Wie ein Lied klingt es, wenn sie reden. Ich schlüpfe unter dem Moskitonetz hindurch und laufe auf Zehenspitzen an die Tür und spähe auf den Hof. Ich erkenne Papa und Oma und laufe zu ihnen. „Oma“, rufe ich und hocke mich neben sie. „Eric, mein Kind“, sagt sie mit leiser Stimme. Ich lege meinen Kopf in ihren Schoß. Ein bisschen schaukelt Oma mit den Knien hin und her und dann beginnt sie, eine Melodie zu summen. Papa summt mit seiner tiefen Stimme mit. Ich bin in Afrika angekommen, denke ich. So schlafe ich ein.

Annelies Schwarz, Marlies Rieper-Bastian

Navi lotst Bus in den Wald
Zwischen Bäumen verkeilt: Fahrzeug mit Motorsäge befreit

WEILERSBACH *(Eig.Ber. / nn) — Im blinden Vertrauen auf sein Navigationsgerät hat sich der Fahrer eines Reisebusses aus Dresden in der Fränkischen Schweiz verirrt und am Ende regelrecht festgefahren.*

Der 60-jährige war mit dem leeren Bus auf der Bundesstraße 470 von Ebermannstadt in Richtung Forchheim unterwegs. Sein Ziel war eigentlich die Ortschaft Weilersbach, doch sein Gerät schickte ihn nach Reifenberg. Durch die engen, kurvenreichen Straßen des Dorfes ging es schnurstracks weiter in den Wald, teilte die Polizei mit.
Die Fahrt des Reisebusses aus Sachsen endete an einer Schranke. Doch der Versuch, das Fahrzeug auf der schmalen Forststraße zu wenden, misslang. Zu allem Übel verklemmte sich der Bus auch noch zwischen mehreren Bäumen.
Der 60-jährige wusste sich nun nicht mehr anders zu helfen, als in Weilersbach um Hilfe zu bitten. Nachdem ein Gemeindearbeiter mit einer Motorsäge die Hindernisse beseitigt hatte, zog ein Bauer den Bus mit seinem Traktor aus dem Graben.

1

Woher kam der Reisebus?

Welche Hindernisse beseitigte der Gemeindearbeiter?

Warum kam der Busfahrer in diese schwierige Situation?

Auf dem Weg zum Leseprofi

Einen Text Schritt für Schritt nachvollziehen

Manchmal kann es dir helfen, eine Skizze zu zeichnen, um einen Text besser zu verstehen.

So schaffst du das

- Lies zuerst den ganzen Text.
- Überlege, welche Informationen du brauchst, um den Text zu verstehen.
- Zeichne eine Skizze dazu. Du kannst sie auch beschriften.

Das Bootsrennen

Mein Boot ist schnittig und hat ein großes Segel. Ich habe es Wellenreiter genannt. Bestimmt werde ich damit bei dem Bootsrennen gewinnen.

Ich stehe am Südufer des Sees mit vielen anderen Kindern. Auch Marcel ist da. Er hat eine große Klappe. Er ist der Größte – sagt er. Und natürlich ist seine Möwe das schnellste Boot – sagt er. Zwanzig Boote sind am Start. Kräftig bläst der Wind aus West, wo der Ort Jennerhausen liegt. Der Preisrichter ruft: „Wessen Schiff bis morgen Abend am weitesten fährt, der gewinnt ein Schlauchboot!“ Jeder von uns hat einen Zettel in sein kleines Boot gesteckt.

Darauf steht:

Der Startschuss fällt! Ich schiebe mein Boot ins Wasser. Das Segel bläht sich. Der Westwind treibt mein Boot rasch Richtung Osten, wo die Stadt Langelo liegt. Auch die anderen Boote legen schnell ab. Alle feuern ihre Boote an. Langsam werden die Boote kleiner. Am Ufer kehrt Ruhe ein.

Am nächsten Abend treffen sich alle wieder. Immer noch pfeift der Wind aus West. Ich bin wahnsinnig aufgeregt. Heute wird der Sieger gekürt.
„Nur zwei Boote wurden gefunden“, ruft der Preisrichter.
„Auf den zweiten Platz kam der Wellenreiter! Er erreichte Langelo. Das ist zwei Kilometer entfernt.“
Ich bin ein wenig stolz. Und traurig, weil mein Boot nicht gewonnen hat.
„Auf Platz eins kam die Möwe“, verkündet der Preisrichter.
„Dieses Boot schwamm bis nach Jennerhausen. Das sind drei Kilometer!“
Marcel bekommt den Preis. Ein nagelneues Schlauchboot!
Ich könnte platzen vor Neid.
Der Wind pfeift um meine Ohren.
Immer noch aus West,
dort wo Jennerhausen liegt.
Da bin ich mir plötzlich sicher:
Marcel hat geschummelt.

Fabian Lenk

Arbeiten und erfinden

1 In einem Hafen arbeiten viele Menschen.
Was machen sie?

Wieder im Hafen

Zwischen hohen Silobauten
schwankt das Schiff, das dampft und pufft.
Grüne Turmdrehkräne recken
krumme Nasen in die Luft.

Endlich legt der große Dampfer
an der Hafenmauer an
und der Lotse in der Barke
zieht das Schleppseil ein sodann.

Ölverschmiertes Hafenwasser
klatscht auf Felsen immerzu.
Alte Männer an der Mole
schauen jeder Landung zu.

Bruno Horst Bull

Seemannsknoten

Die Achterschlinge wird auch heute noch verwendet, um ein Boot an einem Poller oder dicken Eisenring im Hafen zu befestigen.
Lege das Seilende über eine Stange, das kurze Ende hängt hinten herunter. Fasse nun dieses Ende und ziehe es nach vorn.
Lege es schräg über den vorderen Teil des Seils und dann wieder über die Stange.
Lasse dabei vorne unten eine kleine Schlaufe. Das Seilende ziehst du von hinten nach vorn durch diese Schlaufe. Dann ziehst du das Ende nach oben. Nun musst du noch das Seil zu beiden Seiten des Knotens festziehen.

1 Versuche, den Knoten zu machen.

Eine gemütliche Wohnung

Wenn man heutzutage einen Handwerker bestellt, muss man meist lange herumtelefonieren.
Das habe ich gemerkt, als neulich unser Kühlschrank nicht mehr ging. Ich rief bei drei Elektrikern an. Der erste sagte, er habe überhaupt keine Zeit. Der zweite wollte mich überreden, doch lieber gleich einen neuen Kühlschrank zu kaufen. Der dritte versprach, bei uns vorbeizuschaun, wenn er mal in unsere Gegend käme …
Nach drei Wochen lief der Kühlschrank immer noch nicht. Nur die Butter fing an zu laufen, denn es war gerade ziemlich heiß. Deswegen versuchte ich noch einmal mein Glück und rief bei einem vierten an. Er hieß Ludger Knorps und versprach zu meinem Erstaunen, gleich am nächsten Morgen zu kommen.

Als ich gerade mit meinen Kindern beim Mittagessen saß, klingelte es. Herr Knorps stand draußen. Er war ein ungemein freundlicher Mann. Er stellte drei Werkzeugkästen, den Werkzeugkoffer und die vier Werkzeugtaschen in die Küche, setzte sich zu uns an den Mittagstisch und ließ sich den Spinat schmecken.
Dann machte er sich an die Arbeit. Ich hatte vorher nicht gewusst, dass so viele Drähte und Kabel in einem einzigen Kühlschrank stecken. Mir wurde fast schwindelig von den vielen Drähtchen, die er herauszog.
Gegen Abend, als meine Frau von der Arbeit heimkam, war Herr Knorps endlich fertig. Er führte uns stolz den Kühlschrank vor und steckte den Stecker in die Steckdose. Der Kühlschrank fing wieder an zu surren. Meine Frau öffnete gleich die Tür und fasste in das Tiefkühlfach. „Au!“, schrie sie und zog ihre Hand schnell zurück. „Schon so kalt?“, fragte ich erstaunt. „Nein, so heiß!“, rief sie.

„Moment, Moment!“, sagte Herr Knorps eifrig, kniete sich vor den Elektroherd, der neben dem Kühlschrank steht, und öffnete die Tür zur Bratröhre.
„Habe ich mir sofort gedacht!“, sagte er triumphierend und zeigte auf die Eisschicht, die sich im Herd gebildet hatte.
Vorsichtig streckte ich meine Hand aus: Die Bratröhre war so kalt, dass ich sie kaum anfassen konnte.
„Eine kleine Verwechslung! Ich scheine zwei Drähte vertauscht zu haben“, entschuldigte sich Herr Knorps.
„Für heute muss ich leider Schluss machen. Feierabend! Aber morgen werde ich die Sache ganz schnell in Ordnung bringen.“
Wir zogen den Kühlschrankstecker aus der Steckdose, damit der Kühlschrank nicht zu heiß wurde und räumten die Butter und die Wurst in den Herd.

Am nächsten Morgen kam Herr Knorps schon gleich nach dem Frühstück und ging sofort an die Arbeit. Als er am Abend fertig war, kühlte unser Kühlschrank wieder und der Elektroherd heizte.
Leider war ich immer noch nicht ganz zufrieden. Es zeigte sich nämlich, dass jetzt aus dem Elektroherd laute Musik ertönte, sobald man ihn anstellte. Unser Küchenradio hingegen gab keinen Ton mehr von sich.
So ließ ich Herrn Knorps am nächsten Tag noch einmal kommen.
Er kam im ersten Morgengrauen und arbeitete fast ohne Pause.
Am Abend führte er uns dann das Küchenradio vor: Es spielte wieder und wir bekamen sogar drei Sender herein, die früher noch nie jemand gehört hatte.
Aber ein kleiner Fehler war ihm wieder unterlaufen. Er musste wieder irgendein Drähtchen verwechselt haben.

Jedenfalls ging jetzt das Licht aus, wenn ich den Telefonhörer abnahm. Und wenn jemand draußen auf unseren Klingelknopf drückte, fing drinnen unsere Waschmaschine an zu laufen.
Herr Knorps versprach, gleich am nächsten Tag die Sache zu richten.
Inzwischen haben wir uns richtig an Herrn Knorps gewöhnt.
Er kommt ja auch jeden Tag und repariert etwas.

Ein typischer Abend bei uns zu Hause sieht zurzeit etwa so aus: Nach dem Abendessen, wenn wir das schmutzige Geschirr zum Saubermachen in den Herd geschoben haben, läutet es dreimal in der Spülmaschine. Das ist Herr Knorps. Wir holen kühle Getränke aus dem Fahrstuhl und dann spielen wir Karten, bis der Mixer zwölf Uhr schlägt. Herr Knorps verabschiedet sich, steigt in den Kühlschrank und fährt nach unten.
Wir stellen dann noch den großen Zeiger der Uhr, damit im Treppenhaus das Licht ausgeht, und sitzen meist noch ein wenig beieinander, um der Musik aus dem Staubsauger zuzuhören. Unsere Wohnung ist vielleicht ein bisschen ungewöhnlich jetzt. Aber wir finden sie sehr, sehr gemütlich.

Paul Maar, Norman Junge

1

Wie heißt der vierte Elektriker?

Warum schreit die Frau „Au“, als sie ins Tiefkühlfach greift?

Warum stört es die Familie nicht, dass Herr Knorps so ungewöhnlich arbeitet?

Verschiedene Berufe

Meine Mama ist Arzthelferin bei einem Hautarzt. Sie hilft beim Entfernen von Warzen und bei der Behandlung von Hautkrankheiten. Sie arbeitet montags und mittwochs 5 Stunden. *Caner*

Mein Papa ist Landwirt. Jeden Morgen steht er um 5 Uhr auf. Er muss die Kühe melken. Dann füttert mein Vater die Kühe. Jeden Monat bekommt er das Geld für die Milch. Wir haben 25 Kühe und 8 Kälbchen. *Angelika*

Meine Mutter ist Geigenlehrerin. Sie spielt aber auch im Orchester. Ihre Geige ist schon über 100 Jahre alt. Sie behütet sie wie einen Schatz. *Benedikt*

Meine Mutter macht in einem Hotel die Geldabrechnungen. Diesen Beruf mag sie sehr. Sie arbeitet von 8.00 bis 13.00 Uhr. *Pia*

Mein Papa arbeitet im Büro. Da zeichnet er Skizzen und stellt Rechnungen aus. Seine Arbeit ist schwer, weil er sich dabei konzentrieren muss. *Fabian*

Mein Papa ist Bauarbeiter. Er hilft beim Bauen von Skateboard-Bahnen und Häusern. Oft arbeitet er mit Beton, den er mit einer Maschine mischen muss. Mein Vater arbeitet am Tag 14 Stunden. *Johannes*

1 Welche Berufe haben deine Eltern?

2 Gestaltet mit euren Ergebnissen ein Plakat.

→ S. 197: Texte und Bilder präsentieren

Schmökertext

Michi packt an

Michi bleibt stehen. Drüben, vor dem Frisörladen, sieht er etwas. Zwei Männer in Arbeitsklamotten stehen da und was für Arbeiter das sind, erkennt Michi auf den ersten Blick. Maurer!
Handwerker hat Michi sehr gern. Sie haben tolle Lötkolben und Bohrer und können kaputte Wasserhähne und Waschmaschinen reparieren.
Michi beobachtet die Maurer.
„Na, Kollege?“, sagt der mit dem weißen Schnurrbart.
„Na?“, antwortet Michi. Er kommt näher.
Der Mann reicht Michi einen Holzstab und er darf den Mörtel rühren. Das tut Michi sehr gerne. Er rührt und rührt und wenn er in dem dicken Brei einen Klumpen entdeckt, dann rührt er noch doller.
Und dann machen die beiden eine Pause und Michi darf selber einmal mit der Kelle den Mörtel an die Wand klatschen und glatt streichen! So ganz glatt wird die Wand dann nicht, mehr so hubbelig, und auch der Mörtelbrei klatscht daneben auf den Boden. Doch die beiden finden es trotzdem gut und sagen:
„Für den Anfang nicht schlecht!“

Dann rührt Michi noch ein paar Mal den Mörtel, aber nicht mehr lange. Für heute sei Feierabend, sagen die Maurer und fangen an, ihre Sachen zu packen.
Doch dann – Michi hat schon „Tschüss“ gesagt und will fortgehen – pfeift der alte Maurer durch die Zähne. Er winkt Michi herbei und schenkt ihm fünfzig Cents. Als Belohnung!
„Vielen Dank!“, ruft Michi noch mal und winkt.
Das muss er Papa erzählen, sofort!

Es ist wirklich ein Glück, dass Papa jetzt immer zu Hause ist, da kann Michi immer gleich erzählen, was er erlebt hat. Früher war das anders, da war Papa den ganzen Tag weg. Jetzt ist alles besser. Da kann Michi gleich mittags Papa alles erzählen. Heute muss er von den Maurern erzählen! Als Papa die Wohnungstür aufmacht, geht er mit ihm ins Elternschlafzimmer. Dort hat Papa gerade das Bügelbrett aufgestellt und bügelt Wäsche. Michi hat bereits die Fünfzig-Cent-Münze aufs Bügelbrett gelegt. „Rate mal, was das ist!“, sagt er. Papa stellt das Bügeleisen ab, nimmt die Münze, dreht sie um und beißt darauf. „Na, das wird doch wohl nicht Falschgeld sein?“ „Neiheihein!“, ruft Michi. Er erzählt Papa, wie er den Maurern geholfen und die Wand selber verputzt hat und dass er am Montag unbedingt wiederkommen soll. Na ja … so genau haben die Maurer es zwar nicht gesagt, aber gelobt haben sie Michi ja. Papa findet es gut. Er drückt Michi sogar die Hand und sagt: „Gratuliere! Dein erster Lohn!“

„Sie sind wieder da, Papa!“, ruft Michi am Montagmorgen. „Ja, ja, hab ich gehört“, sagt Papa. Er ist schon längst angezogen und schlürft seinen Morgenkaffee. Jetzt, wo er zu Hause ist und nicht mehr arbeiten geht, könnte Papa länger schlafen, aber das will er nicht. Wenn er wieder eine Arbeitsstelle hat, sagt er, müsse er ja sowieso wieder früh aufstehen. Michi frühstückt gerne mit Papa. Mama und Thorben müssen früher weg, Mama ins Büro und Thorben ins Gymnasium. Seit Papa keine Arbeit mehr hat, gehen sie morgens gemeinsam in die Schule. Also, in die Schule geht natürlich nur Michi. Papa begleitet ihn bloß ein Stück. Bis zum Kiosk an der Ecke. Dort kauft er sich Zeitungen. Ganz viele, wie jeden Tag, die wird er nachher zu Hause lesen. Und schauen, ob da vielleicht eine gute Stelle angeboten wird.

Eva Polak, Daniel Napp

Wendelins Werkstatt

Wendelin war Erfinder. Manche seiner Erfindungen funktionierten perfekt, andere überhaupt nicht. Die warf Wendelin einfach auf den Müll und fing von vorne an.

Wendelin erfand den lieben, langen Tag, von früh bis spät. Zum Aufräumen kam er natürlich nie. Und so wurde es in Wendelins Werkstatt immer unordentlicher … und unordentlicher … und UNORDENTLICHER … Bis Wendelin eines Tages erkannte, dass er Hilfe brauchte. Und so erfand Wendelin einen Roboter.

„Ich werde dich Plonk nennen“, sagte Wendelin. Und schon räumte Plonk die Werkstatt auf. Er machte das Bett, … legte die Kleider zusammen … und wischte den Boden.

„Ach du liebe Zeit“, seufzte Wendelin. Plonk gab sich noch mehr Mühe. Er räumte die Teetassen in die Sockenschublade … und stellte die Regenschirme in den Wäschekorb.

„So geht das nicht“, sagte Wendelin. Er schickte seinen Roboter die Abfallrutsche hinunter … Er landete direkt auf dem großen Schrotthaufen.

Drinnen im Haus tüftelte Wendelin inzwischen an einem neuen Roboter. Endlich war er fertig. „Ich werde dich Wendoboter nennen“, sagte Wendelin. „Auf-räu-men!“, zischte der Wendoboter mit rot glühenden Augen und machte sich sofort ans Werk. Der Wendoboter funktionierte perfekt. Wendelin war sehr zufrieden. Aber der Wendoboter hörte nicht mehr auf. Mit glühenden Augen zerlegte er das Bett in Einzelteile, die er fein säuberlich übereinanderstapelte. Die Teetassen zermahlte er zu feinstem Porzellanpulver.

Bald war alles picobello aufgeräumt. Alles bis auf eine Kleinigkeit … „Auf-räu-men“, schrie der Wendoboter, als er den kreischenden Wendelin durch die ganze Werkstatt jagte. Bis er schließlich, laut „Hiiiilfe!!!“ rufend, die Abfallrutsche hinunterpurzelte … und direkt auf dem Schrotthaufen landete.

Der arme Wendelin. Ratlos saß er da. Dann hörte er ganz in der Nähe ein leises PLONK. „Bin ich froh, dich zu sehen!“, rief Wendelin. Aus der Werkstatt hörte man immer lauteres Hämmern und Poltern. „Wir brauchen dringend Hilfe“, sagte Wendelin. „Aber hier gibt es ja nur einen Haufen Schrott.“ Plonk bückte sich und zeigte Wendelin ein seltsames Eisenteil. Wendelin lächelte und dann machte er sich ans Erfinden. Bis spät in die Nacht herein waren Wendelin und Plonk am Werk. Als die Sonne aufging, hörte der Lärm in Wendelins Werkstatt plötzlich auf. „Werkstatt auf-ge-räumt“, erklärte der Wendoboter und schaute mit seinen rot glühenden Augen aus dem Fenster. „Jetzt Welt auf-räu-men!“

Der Wendoboter schritt quer durch die Werkstatt und öffnete die Tür.

„Guten Morgen“, begrüßte Wendelin ihn leise. „Ich hätte gerne meine Werkstatt wieder.“

Die Augen des Wendoboters funkelten glutrot. „Auf-räu-men!“, schrie er.

„Hier ist alles viel zu ordentlich!“, riefen Wendelin und seine mechanischen Helfer, während sie die Werkstatt stürmten und alles durcheinanderbrachten.

„AUF-RÄU-MEN!“, kreischte der Wendoboter und wollte sie packen. Aber die anderen Roboter waren schneller. Und je unordentlicher es in Wendelins Werkstatt wurde, desto leuchtender glühten die Augen des Wendoboters. Auf-räu-men! Auf-räu-men!!! AUF-RÄU-MEN!!!!!

PENG!

„Jetzt müssen wir wieder aufräumen“, seufzte Wendelin. „Aber nicht so gründlich ...“

Alle Roboter halfen mit ... jeder, so gut er konnte. Nicht alles war perfekt, aber Wendelin störte das nicht. Er lächelte nur und schraubte hier und da ein wenig herum. Und auf den Schrotthaufen warf er nie wieder etwas.

Chris Riddell

1 Warum ist Wendelin mit Plonk nicht zufrieden?

2 Wie erfüllt Wendoboter seine Aufgabe?

Maschinenmusik

Fabriken dröhnen Tag und Nacht,
Tag und Nacht, Tag und Nacht.
Maschinen lärmen Tag und Nacht,
Tag und Nacht, Tag und Nacht.
Zylinder stampfen Tag und Nacht,
Tag und Nacht, Tag und Nacht
und Räder drehen Tag und Nacht,
Tag und Nacht, Tag und Nacht.

Arbeit – Muskeln schaffen, straffen, feilen, bohren,
hämmern, schleifen, fräsen, nieten, schweißen, sägen …

nach Bruno Schönlank

1 Sprich den Text wie eine Maschine.

2 Erfindet Geräusche und Bewegungen zu dem Text.

→ S. 198: Ein Gedicht vortragen
S. 200: Einen Text mit Musik und Bewegung umsetzen

Als Staubsaugen noch reine Männersache war

Früher wurde Staub gekehrt. Dabei wirbelte er in die Luft. Dann setzte er sich wieder und alles war fast so schmutzig wie vorher. 1901 überlegte der englische Brückenbauer Hubert Cecil Booth: Kann man Staub erfolgreicher durch Ansaugen entfernen? Mit einem Taschentuch vor dem Mund robbte er über den Boden und saugte dabei Luft ein. Sein schmutziges Taschentuch bewies, dass seine Überlegung richtig war.

Noch im selben Jahr erfand er den Staubsauger, der damals allerdings noch „Entstaubungspumpe“ hieß. Der erste Staubsauger war ein wahres Ungetüm. Er musste von mehreren Männern bedient werden. Nur reiche Leute konnten sich das Staubsaugen leisten. Die Entstaubungspumpe wurde auf einem großen Wagen von Pferden gezogen. Vom Pferdefuhrwerk aus verlegte man einen 240 Meter langen Schlauch, der den Staub aus der Wohnung direkt in einen Sammelbehälter leitete.
Ein zweiter Erfinder, James Murray Spangler, baute ein leichteres Gerät mit einem Kissenbezug als Staubbeutel.
Mittlerweile gibt es sogar Staubsauger, die als kleine Roboter unterwegs sind. Sie entfernen ganz allein den Schmutz vom Boden. Danach rollen sie zurück zu den Steckdosen und laden sich wieder auf.

1

- Welchen Beruf hatte Hubert Cecil Booth?
- Warum musste ein 240 Meter langer Schlauch verlegt werden?
- Warum war Staubsaugen früher Männersache?

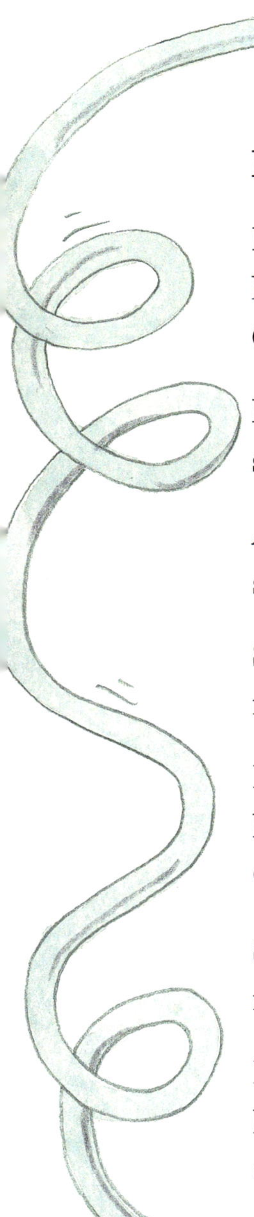

Der Staubsauger

Ich bin der Staubsauger,
habe Hunger, heiße
Ööööööööööööööh!

Fusseln, Pusseln, Staub und Haare
sind für mich genau das Wahre.

Alles mach ich wieder rein,
saug ich schnell in mich hinein.

So als wär es Katzendreck,
macht's Miau und ist dann weg.

Ich bin der Staubsauger,
habe Hunger, heiße
Ööööööööööööööh!

Soll ein Staubsauger was taugen,
muss er saugen, saugen, saugen.

Ich bin der Staubsauger,
habe Hunger, heiße
Ööööööööööööööh!

Erwin Grosche

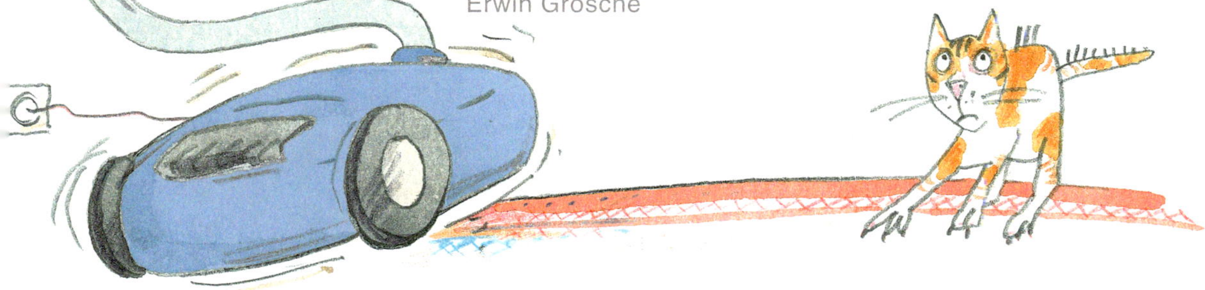

1 Sprich das Staubsauger-Geräusch so, als wärst du der Staubsauger.

S. 198: Ein Gedicht vortragen

Auf dem Weg zum Leseprofi

Einen Text Schritt für Schritt verstehen

Mit Bildern kannst du überprüfen, ob du den Text verstanden hast.

So schaffst du das

- Lies den Text Schritt für Schritt.
- Vergleiche nach jedem Abschnitt Text und Bilder.
- Besprich mit einem Partner, ob ihr beide das Gleiche verstanden habt.

Basteln mit Milchtüten

Du brauchst:
eine leere Milchtüte, Schachteln, Papprollen, Tonpapier, Kreppband, Sand, gut deckende Farbe (z. B. Plakatfarbe), Klarlack, etwas Watte

Leere Milch- und Safttüten sind das Baumaterial für Tiere, Roboter, Schiffe oder Häuser.

Befestige kleine Schachteln und Papprollen mit Kreppband an der Tüte.

Du kannst aus Tonpapierstreifen auch schmale Röhren formen.

Damit die Tüte nicht so schnell umfällt, wird sie mit etwas Sand gefüllt.
Jetzt malst du alles mit deckenden Farben an.
Wenn diese getrocknet sind, erhält dein Kunstwerk einen Überzug aus Klarlack.

In den Schornstein gibst du etwas Watte.
Damit die Tüte im Wasser keine Schlagseite bekommt, musst du den Sand im Laderaum gleichmäßig am Boden verteilen.

Tor der Sehnsüchte

Otmar Alt (2001)

Der Künstler Otmar Alt nannte sein Kunstwerk „Tor der Sehnsüchte“. Er stellte es aus Glas, Stahl und glasierter Keramik her. Das Tor hat für Otmar Alt eine besondere Bedeutung. Er selbst sagt dazu: „Das hat mit Fantasie zu tun. Jeder hat Sehnsüchte, geheime, nicht geheime und geht man unter diesem Tor durch, dann soll man sich etwas wünschen.“

1 Stell dir vor, du gehst durch das Tor.
Was wünschst du dir?

Two witches

If two witches were watching two watches
which witch would watch which watch?

Wenn zwei Hexen auf zwei Uhren sehen,
welche Hexe sieht auf welche Uhr?

Zauberspruch

Nimm Entenfedern,
Löwenzahn
und einen Löffel
Lebertran.
Sprich Hunke-
munke-mops dabei
und mische
einen dicken Brei.
Schmier dir
die Nasenspitze ein
und stell dich
in den Mondenschein.
Und schwebst du nun
nicht in die Nacht –
dann hast du was
verkehrt gemacht.

Max Kruse

S. 198: Ein Gedicht vortragen

Der Tanz der Wölfe

ein kreolisches Märchen

Sieben Wölfe fingen einmal ein Murmeltier und sagten: „Du musst jetzt sterben, denn dann haben wir was zu fressen.“ Das Murmeltier hatte aber einen Einwand: „Wartet ein Weilchen! Wenn man gute Beute gemacht hat, muss man feiern. Wollt ihr tanzen? Ich werde euch dazu singen.“ „Was sollen wir tanzen?“, fragten die Wölfe.

„Ich weiß einen ganz neuen Tanz und der geht so: Ich lehne mich gegen einen Baum. Ihr tanzt von mir fort und auf mein Zeichen wieder zurück zu mir. Dann lehne ich mich gegen einen zweiten Baum und gegen einen dritten und so weiter. Beim siebten Baum dürft ihr mich fressen.“

Die Wölfe waren zwar sehr hungrig, wollten aber auch den neuen Tanz lernen und sagten: „Also fang an zu singen!“ Das Murmeltier lehnte sich an einen Baum und sang: „Ha, wie schön, wie schön!“ Und die sieben Wölfe tanzten von ihm weg, bis es sein Zeichen gab: „Hu!“ Da kehrten sie um und tanzten zurück zu ihm. „Das war hübsch getanzt!“, lobte das Murmeltier. Es lehnte sich an den zweiten Baum und sang wieder: „Ha, wie schön, wie schön!“ Es ließ die Wölfe weiter fort tanzen, umkehren und zurückkommen. „Das war sehr hübsch getanzt!“, lobte das Murmeltier. Es ging zum nächsten Baum und sang zum dritten Mal. Die Wölfe tanzten so schön sie nur konnten, tanzten fort und zurück. Und das Murmeltier lobte sie begeistert und ließ sie tanzen, beim vierten, fünften und sechsten Baum immer weiter weg und zurück.

→ S. 200: Einen Text mit Musik und Bewegung umsetzen

Der siebte Baum, an den es sich lehnte, stand nah bei seiner Höhle. Bevor es nun zu singen begann, sagte das Murmeltier: „Jetzt kommt der letzte Tanz. Sobald ich rufe ‚Hu!‘, könnt ihr umkehren und rennen. Wer mich erwischt, der mag mich behalten. Es wird mein Ende sein, aber wir haben schön zusammen gefeiert.“ Dann lehnte es sich an den siebten Baum und sang: „Ha, wie schön, wie schön!“ Und es sang so lange immer wieder dasselbe, bis die Wölfe weit weg getanzt waren. Dann rief es „Hu!“ und tat einen Sprung hin zu seiner Höhle.

Die Wölfe machten kehrt und setzten ihm nach. Aber da, als es schon fast in Sicherheit war und eben singen wollte „Ha, wie schön!“, da erhaschte der erste Wolf das Murmeltier beim Schwanz und packte so heftig zu, dass der Schwanz abriss. Und seitdem hat das Murmeltier nur noch einen kurzen Schwanz.

nacherzählt von Ute Andresen

1

- Welches Tier haben die Wölfe gefangen?
- Was dürfen die Wölfe beim siebten Baum?
- Warum wollte das Murmeltier den Wölfen unbedingt einen neuen Tanz beibringen?

Das Monster vom blauen Planeten

Auf dem Planeten Galabrazolus lebte einmal ein Junge namens Gobo. Der liebte nichts so sehr wie Geschichten von fernen Planeten. Eine Geschichte liebte er ganz besonders. Die von dem kleinen blauen Planeten namens Erde, auf dem felllose Monster mit nur zwei Augen und zwei Armen lebten.

Als Gobo zu seinem zweihundertsten Geburtstag ein kleines Raumschiff geschenkt bekam, beschloss er, sich so ein Erdenmonster zu fangen. Früh am Morgen startete er von den silbernen Hügeln seines Planeten und schwebte schließlich im gelben Licht einer fremden Sonne über dem kleinen blauen Planeten. Gobo schaltete sein UMS (Unsichtbar-mach-System) ein und ließ sich langsam hinabsinken. Er hielt Ausschau nach einer von diesen wunderbaren Wiesen, die Opa fotografiert hatte. Aber er fand nichts als Steinwürfel, riesige graue Schlangen und stinkende Blechkäfer, die auf ihnen herumkrochen. Erst als die fremde Sonne schon fast unterging, entdeckte Gobo eine grüne Wiese mit weißen Blumen. Und mittendrin ein Erdenmonster.

Es hatte tatsächlich nur zwei Augen und zwei komisch dünne Arme. Die Augen schimmerten sonderbar feucht und die Beule mitten in seinem Gesicht sah wirklich scheußlich aus. Nur auf dem Kopf hatte es struppiges, gelbliches Fell, das ihm fast bis in die zwei Augen hing. Den felllosen Körper hatte es in bunte, höchst merkwürdig aussehende Lappen gehüllt – was sehr dumm aussah.

Gobo ließ sein Raumschiff so sacht hinunterschweben, dass nur die Blumen etwas zitterten. Als er genau über dem Kopf des Monsters schwebte, schaltete er den Fangstrahl ein –

und das Monster verschwand von der Wiese, als hätte es nie dort gesessen.

Gobos Raumschiff aber war schon ein Augenzwinkern später mit seiner Beute auf dem Heimweg.

Als Gobo das Monster mit dem Fangstrahl in einen Käfig setzte, machte es furchtbare Geräusche. Es sprang wild auf und ab, rüttelte mit seinen kleinen Klauen an den Stäben und stieß entsetzliche Laute hervor. Sie erinnerten Gobo an das Grunzen von Mondschweinen und das Kreischen von Siriusäffchen.

Er setzte seinen Übersetzungshelm auf, trat vorsichtig an den Käfig heran und – fuhr erschrocken zurück.

„Du widerliches Monster!", schrie ihn das kleine Scheusal an. „Lass mich sofort hier raus!"

„Wieso Monster?", rief Gogo empört.

„Du bist das Monster! Und von jetzt an bist du mein Haustier!"

„Was?", fauchte das eklige, bleiche Erdenmonster und rüttelte so wütend an den Gitterstäben, dass Gobo schnell noch einen Schritt zurücktrat.

Dann hockte es sich plötzlich in eine Käfigecke und schluchzte los. Silbrige Tropfen quollen aus seinen Augen und liefen das blasse Gesicht hinunter. Gobo war bestürzt. Wurde es etwa krank? Vertrug es das Fliegen nicht?

„Ich will nach Hause!", hörte er es schluchzen.

„Ich will zurück nach Hause."

„Wie meinst du das, nach Hause?", fragte Gobo ungläubig. „Monster haben kein Zuhause."

„Du bist das Monster!", schniefte das bleiche Wesen. „Du weißt natürlich nicht, was Zuhause heißt."

„Natürlich weiß ich das!", rief Gobo empört.

„Mein Zuhause ist der Planet Galabrazolus. Er hat wunderbar silberne Berge und Meere, die wie buntes Glas schimmern. Er hat sieben Monde. Jeder hat eine andere Farbe. Und auf jedem hat man ein anderes Gewicht."

Das kleine Erdenmonster hörte auf zu schluchzen und sah ihn erstaunt mit seinen zwei Augen an.

„Sieben Monde?", fragte es leise. „Stimmt das wirklich mit den sieben Monden? Wir haben nämlich nur einen."

„Natürlich stimmt das", sagte Gobo – und fand plötzlich, dass die zwei Augen des Monsters wie kleine Sterne aussahen.

„Die Monde würde ich gern mal sehen", sagte es. „Aber dein Haustier werde ich nicht."

Schweigend sah Gobo es an. Dann drückte er auf einen Knopf, und der Käfig verschwand.

„Komm", sagte Gobo und lächelte das fremde Wesen verlegen an. „Ich zeige dir die sieben Monde. Und dann bringe ich dich nach Hause."

Cornelia Funke

1 Überlege dir zu jedem Bild einen Satz.

2 Male, wie du dir Gobos Planet vorstellst.

Fantasiefiguren

1 Welche Fantasiefiguren sind in eurer Klasse bekannt? Macht eine Umfrage.

2 Welche Fantasiefigur magst du am liebsten? Woher kennst du sie? Aus dem Fernsehen, aus einem Buch, …?

3 Was ist das Besondere an deiner Lieblingsfantasiefigur?

S. 194: Ideen in einem Cluster sammeln

Schmökertext

Mogli und die grauen Affen

Mogli wächst im Dschungel bei einer Wolfsfamilie auf. Seine Freunde sind der Panther Baghira und der Bär Balu, die ihn durch den Dschungel zu einem Menschendorf begleiten. Gerade schläft Mogli im Schatten eines Busches, um sich auszuruhen.

Da erhob sich auf einmal in den Baumkronen ringsum lautes Kreischen und Grölen. Zweige und Früchte prasselten herab. Hunderte von grauen Affen tobten durch das Geäst. Sie bewarfen Balu und Baghira mit Dreck und alten Vogelnestern, riefen Schimpfworte und schrien: „Wir sind die Herren des Dschungels! Wir sind die Klügsten, die Wichtigsten, die Allerschönsten!“ Ebenso plötzlich, wie er begonnen hatte, verstummte der Lärm wieder. Die Affen stoben durch die Wipfel davon, alle auf einmal. Und im nächsten Augenblick war es ganz still, als wären sie nie da gewesen.

„Sie haben wirklich kein bisschen Verstand!“, sagte Balu zu Baghira. Und dann rief er nach Mogli. Mogli antwortete nicht. Der Panther sah plötzlich sehr besorgt aus. Er sprang auf und schaute hinter den Busch. „Er ist weg!“, sagte Baghira. Mogli war spurlos verschwunden. Verzweifelt liefen Balu und Baghira durch den Dschungel und suchten nach dem verschwundenen Mogli.

Unsanft ließen die Affen Mogli auf den Boden rutschen. Sie lockerten ihre Griffe um seine Arme und Beine. Erleichtert reckte Mogli seine Glieder. Alle Knochen taten ihm weh von der wilden Jagd durch die Baumkronen. Er beobachtete die Affen, die auf den Mauern hockten und sich gegenseitig die Flöhe absuchten.

„Wo haben sie mich hingebracht?“, überlegte er. „Was ist das für ein seltsamer Ort?“ Überall zwischen den Bäumen standen Häuser mit eingestürzten Dächern und dunklen Fensterhöhlen. Diese Ruinen waren wohl schon lange unbewohnt.

„Ist das hier euer Königreich?“, fragte Mogli. Die Affen beachteten ihn überhaupt nicht mehr. Sie hatten inzwischen vergessen, dass sie ihn entführt und hierher gebracht hatten.

„Ich bin hungrig!“, rief Mogli den Affen zu. Die Affen kreischten belustigt. Sie rissen Früchte von den Bäumen und warfen damit nach Mogli. Die Früchte zerplatzten auf den Steinen.

„Ich sollte doch euer König werden“, sagte Mogli. „Behandelt man so einen König?“ Wieder lachten die Affen laut. Dann sprangen einige der größten und stärksten zu dem Jungen herunter. Und ehe Mogli nur eine Hand rühren konnte, packten sie ihn wieder. Sie schleppten ihn zu einem Turm und warfen ihn durch das zerstörte Dach hinein.

„Das ist dein Palast, König!“, hörte Mogli sie schreien. Im Turm war es stockdunkel. Mogli wagte sich nicht zu rühren. Wie sollte er ohne Hilfe aus diesem Turm herauskommen? Plötzlich war es draußen ganz still. Von den grauen Affen war kein Ton mehr zu hören. Aber jetzt vernahm Mogli ein leises Geräusch – ein geheimnisvolles Schaben und Knistern. Und jetzt hörte Mogli noch etwas anderes – die schleichenden Schritte eines Panthers und das Tapsen eines großen Bären.

„Ihr habt mich gefunden!“, rief Mogli erleichtert. „Hier bin ich, Balu! Im Turm, Baghira!“

Rudyard Kipling, Ute Thönissen

Donald Duck und die Seeschlange

1 Wie könnte der Comic weitergehen?

S. 195: Einen eigenen Schluss schreiben

Auf dem Weg zum Leseprofi

Das Wichtigste aus einem Text wiedergeben

Wenn du einen Text zusammenfassen willst,
musst du wichtige Stellen in kurzen Sätzen erzählen.

So schaffst du das

- Lies den ganzen Text.
- Entscheide, welche Sätze für die Geschichte wirklich wichtig sind.
- Erzähle mit diesen Sätzen kurz, um was es in der Geschichte geht.

Du brauchst nur fünf von neun Sätzen. Erzähle mit ihnen die Geschichte.

Abenteuer auf Burg Splitterzahn

Die Geschwister Jonas und Anna waren in den Ferien auf Burg Splitterzahn. Die Turmuhr schlug gerade zwölf Uhr Mitternacht, als das laute Knarzen eines Truhendeckels zu hören war. Darauf folgte ein schauriges Geheul: „Auuuuauuuauuu!“
Jonas und Anna fuhren in ihren Betten hoch.
„Was war das?“, wisperte Anna ängstlich.
Jonas flüsterte: „Vielleicht hat ein Hund gejault.“
„Auuuuauuuauuu!“, erklang es schon wieder. „Das ist kein Hund. Das ist ein Gespenst!“, jammerte Anna.
Jonas sagte: „Los, wir sehen nach, Gespenster gibt es nicht!“

Um Mitternacht hören Jonas und Anna gruselige Geräusche.

Anna jammert.

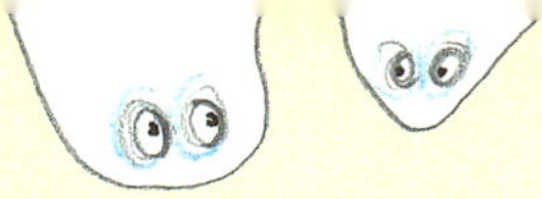

Anna zog sich die Decke über den Kopf: „Mir egal. Ich bleibe hier. Wenn ich das Gespenst nicht sehe, sieht es mich auch nicht.“

Jonas schlich auf Zehenspitzen den Gang entlang und blickte vorsichtig um die Ecke. In der Nische vor dem Burgfenster stand eine alte Truhe. Dort zappelte etwas.

Doch plötzlich bekam er einen Stoß in den Rücken. Jonas fuhr kreidebleich vor Schreck herum. „Mensch, hast du mich erschreckt. Was machst du denn hier?“, zischte er. Anna stand vor ihm und stammelte: „Allein war es noch gruseliger. Da bin ich dir gefolgt.“

„Potzblitz, auuuuauuuauuu, Hühühühülfeeeee!“, kreischte das zappelnde Etwas.

Jonas nahm all seinen Mut zusammen und fragte: „Wer bist du?“ „Hast du keine Augen im Kopf? Ich bin Balduino, das Burggespenst. Macht mich endlich los!“

Das Gespenst zog und zerrte an seinem Bein und trat gegen die Truhe, sodass es rumpelte und krachte. Es heulte: „Ich wollte beim letzten Glockenschlag aus der Truhe zischen, da blieb ich am Rand hängen. Der Deckel krachte herunter und klemmte meinen großen Zeh ein.“

Da fing Anna auf einmal zu kichern an: „Ich dachte immer, vor Gespenstern müsste man Angst haben, aber du siehst ja lustig aus. Du solltest eher Zappelino heißen.“

Auch Jonas musste lachen.

Anna und Jonas packten den schweren Truhendeckel, stemmten ihn einen kleinen Spalt in die Höhe und ließen ihn, schnaufend vor Anstrengung, gleich wieder fallen. Das genügte dem Gespenst. Vor Wut giftgrün im Gesicht gab es der Truhe einen Tritt mit dem gesunden Fuß und schoss davon.

Sie zieht sich die Decke über den Kopf.

Jonas sieht nach, woher die Geräusche kommen.

Anna erschreckt Jonas.

Anna folgt Jonas und sie entdecken das Gespenst Balduino, das sich den Zeh eingeklemmt hat.

Weil das Gespenst so zappelt, haben sie keine Angst.

Das Gespenst sollte Zappelino heißen.

Sie befreien Balduino.

Unsere Welt schützen

Erst wenn der letzte Baum gerodet,
der letzte Fluss vergiftet,
der letzte Fisch gefangen ist,
werdet ihr feststellen,
dass man Geld nicht essen kann.

Weisheit der Cree-Indianer

→ S. 198: Ein Haiku schreiben

Das Feuer

Hörst du, wie die Flammen flüstern,
Knicken, knacken, krachen, knistern,
Wie das Feuer rauscht und saust,
Brodelt, brutzelt, brennt und braust?

Siehst du, wie die Flammen lecken,
Züngeln und die Zunge blecken,
Wie das Feuer tanzt und zuckt,
Trockne Hölzer schlingt und schluckt?

Riechst du, wie die Flammen rauchen,
Brenzlig, brutzlig, brandig schmauchen,
Wie das Feuer, rot und schwarz,
Duftet, schmeckt nach Pech und Harz?

Fühlst du, wie die Flammen schwärmen,
Glut aushauchen, wohlig wärmen,
Wie das Feuer, flackrig-wild,
Dich in warme Wellen hüllt?

Hörst du, wie es leiser knackt?
Siehst du, wie es matter flackt?
Riechst du, wie der Rauch verzieht?
Fühlst du, wie die Wärme flieht?

Kleiner wird der Feuersbraus:
Ein letztes Knistern,
Ein feines Flüstern,
Ein schwaches Züngeln,
Ein dünnes Ringeln –
Aus.

James Krüss

S. 198: Ein Gedicht vortragen
S. 200: Einen Text mit Musik und Bewegung umsetzen

Feueralarm

Am Mittwoch kommt Frau Vollmer in ihre Klasse und sagt: „Heute haben wir Probealarm. Wie ihr wisst, machen wir in jedem Schuljahr zwei Brandschutzübungen. Wer weiß noch, wie wir uns verhalten müssen, wenn es brennt?“

Zuerst meldet sich Nadja: „Wenn wir den Alarm hören, müssen alle gemeinsam das Schulgebäude verlassen.“

„Und wie machen wir das?“, fragt Frau Vollmer.

Alican ruft: „Wir stellen uns ganz schnell in einer Zweierreihe an der Tür auf!“

„Wir müssen vorher überprüfen, ob alle Fenster geschlossen sind“, sagt Marie.

„Nehmt ihr auch eure Taschen und Jacken mit?“, fragt Frau Vollmer.

„Nein, natürlich nicht, das würde viel zu viel Zeit brauchen“, antwortet David.

Und Selim ruft: „Die Sachen würden uns auch behindern, wenn wir auf den Schulhof flüchten.“

Frau Vollmer ist mit ihrer Klasse zufrieden.

Die Kinder wissen auch, dass ihre Sammelstelle bei den Tischtennisplatten auf dem Schulhof ist.

Plötzlich schrillt laut der Feueralarm. Frau Vollmer schaut verwirrt auf ihre Armbanduhr. Der Alarm ist mehr als eine Stunde zu früh. Die Kinder stehen rasch auf und stellen sich an der Tür in einer Zweierreihe auf. Marie und Selim kontrollieren noch, ob alle Fenster geschlossen sind.

Frau Vollmer öffnet die Tür und geht mit ihrer Klasse den Gang hinunter in Richtung Treppenhaus. Aus allen Räumen drängen die Klassen mit ihren Lehrerinnen heraus.

Plötzlich kommt ihnen im Treppenhaus Qualm entgegen. Frau Vollmer wundert sich. So eine Brandschutzübung hat sie noch nie erlebt.

Hat das der Hausmeister gemacht, damit die Übung auch echt wirkt? Durch das Treppenhaus kommen sie jedenfalls nicht, denn man kann nicht genügend sehen. Deshalb ruft Frau Vollmer laut: „Wir müssen zurück und das Nottreppenhaus benutzen!“

Alle Kinder gehen mit ihren Lehrerinnen den Gang zurück und durch das hintere Nottreppenhaus hinaus auf den Schulhof.

Um zu prüfen, ob alle Kinder das Schulgebäude verlassen haben, zählt jede Lehrerin an der Sammelstelle die Kinder ihrer Klasse.

In diesem Moment kommt der Hausmeister zur Sammelstelle gelaufen.

Frau Vollmer fragt ihn sofort empört: „Warum ist die Brandschutzübung eine Stunde früher als geplant und warum haben Sie mit dem Qualm im Treppenhaus den Fluchtweg versperrt?“

„Das ist doch gar nicht die vorgesehene Übung und der Qualm ist echt. Es brennt wirklich in der Schule,“ ruft der Hausmeister aufgeregt.

Da hört man auch schon im Hintergrund die Sirenen der Feuerwehrautos.

„Gut, dass wir vorher noch einmal über den Probealarm gesprochen haben“, sagt Alican.

1

- Wo ist die Sammelstelle der Klasse?
- Warum verlassen alle das Schulgebäude durch das hintere Nottreppenhaus?
- Warum findet Alican es gut, dass sie über den Probealarm gesprochen haben?

→ S. 195: Einen eigenen Schluss schreiben

Besuch bei der Feuerwehr

Feuerwehr-Kommandant Robert Schnell erzählt:

Bei einem Alarm sollen wir in zehn Minuten am Einsatzort sein.
Wir Feuerwehrleute schaffen es, die Schutzkleidung in zehn bis fünfzehn Sekunden anzuziehen.
In brennende Häuser gehen nur speziell ausgerüstete Truppen mit Sauerstoffmasken. An ihrem Gürtel tragen sie eine Axt und einen Keil, um sich den Weg frei zu machen und Türen aufzuhalten. Es darf nie einer allein in die Gefahrenzone und es muss stets eine Hilfstruppe bereitstehen.
Zum Löschen gibt es verschieden lange Schläuche.
Nach dem Einsatz werden die Schläuche in der Prüf- und Waschanlage gesäubert und überprüft.
In dem hohen Turm trocknen die Schläuche.

Interview mit dem Feuerwehr-Kommandanten

Tim:	Was macht die Feuerwehr alles?
Herr Schnell:	Die Feuerwehr arbeitet bei Bränden, bei Sicherheitswachen und Verkehrsunfällen, im Straßendienst, zum Beispiel bei Überschwemmung oder einer Ölspur, und bei der Brandschutzaufklärung. Sie hilft auch bei der Rettung von Tieren.
Lena:	Sind bei der Feuerwehr auch Frauen?

Herr Schnell: Ja, bei uns arbeiten drei Frauen.

Veronika: Was war Ihr gefährlichster Einsatz?

Herr Schnell: Der Brand im Kino, weil es dort eine besonders starke Rauchentwicklung gab. Wir mussten viele Menschen vor einer Rauchvergiftung retten.

Mesut: Wie weit reicht die Wasserspritze?

Herr Schnell: Bis zu hundert Meter.

Danach zeigt Herr Schnell Übersichten zu den unterschiedlichen Einsätzen im letzten Monat.

Feuerwehreinsätze im Monat Juli

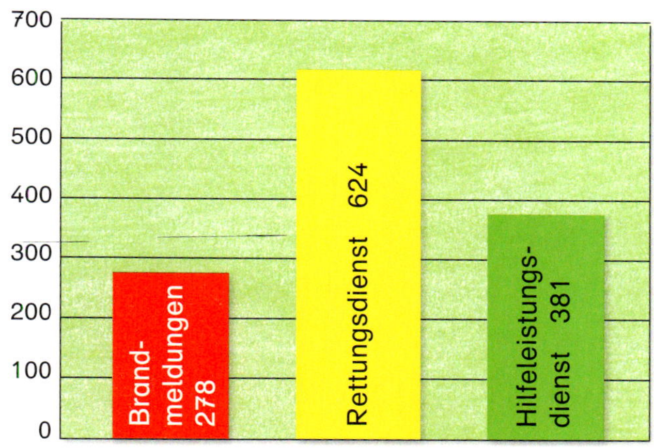

Hilfeleistungsdienste im Monat Juli

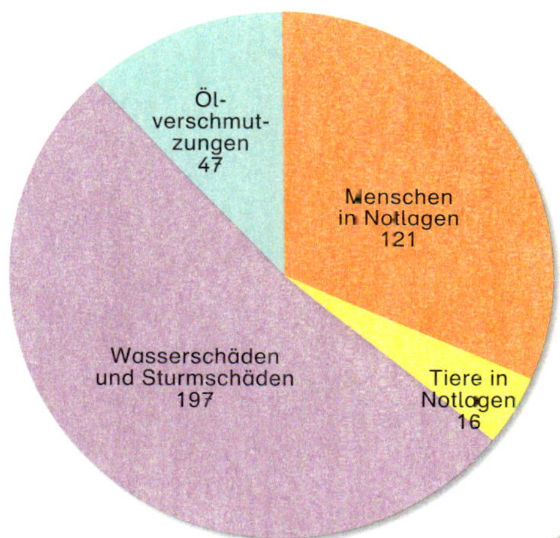

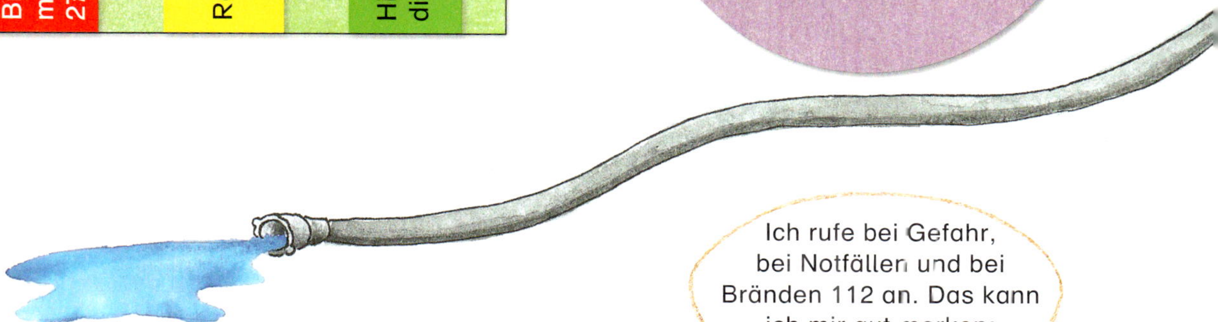

1 Erkläre die Übersichten.

2 Suche weitere Informationen zur Feuerwehr und zum Brandschutz. www.feuerwehr4kids.de

Schmökertext

Jim Knopf und das Meeresleuchten

Jim Knopf und Lukas, der Lokomotivführer, leben auf der Insel Lummerland. Die Meerjungfrau Sursulapitschi hat sie gebeten, das Meeresleuchten im Barbarischen Meer zu reparieren. In einer Höhle im Großen Gurumusch-Magnetfelsen finden sie eine Inschrift.

DIE GROSSE KRAFT AUS TAG UND NACHT
SCHLÄFT TIEF VERBORGEN HIER UND DORT
SIND SIE GETRENNT SO SCHLÄFT SIE FORT
VERBINDE SIE – DIE KRAFT ERWACHT

„Verstehst du, was das heißen soll?“, fragte Jim ratlos.

„Lass uns mal überlegen“, sagte Lukas. „Du hast doch schon mal einen gewöhnlichen Magneten gesehen?“

„Ja“, antwortete Jim gespannt, „hab ich. Frau Waas hat einen im Kaufladen. Der sieht aus wie ein Hufeisen.“

„Richtig“, bestätigte Lukas, „jeder Magnet hat eine Tagseite und eine Nachtseite und weil sie in einem Stück sind, ist er magnetisch. Aber das hier ist kein gewöhnlicher Magnet. Beim Gurumusch-Magneten ist die Kraft in jeder Seite verborgen, solange die beiden Hälften getrennt sind. Wenn man aber die beiden Klippen miteinander verbindet, dann wacht die GROSSE KRAFT auf. Jim, alter Junge, da haben wir's mit einem ganz besonderen Magneten zu tun!“

„Aha“, sagte Jim, „und das Besondere is', dass man den Magnet an- und abstellen kann.“

„Eben“, antwortete Lukas und nickte, „jemand muss also das Verbindungsstück herausgenommen haben. Und das müssen wir jetzt finden.“

Also machten sie sich auf die Suche. Aber das war natürlich in dieser riesenhaften Tropfsteingrotte mit ihren unzähligen Gängen und Seitenkammern keine sehr aussichtsreiche Sache, vor allem auch deshalb, weil sie ja nicht einmal genau wussten, wie dieses Verbindungsstück aussah.

Plötzlich stolperte Jim über irgendetwas und fiel hin. Auf dem Boden lag ein höchst sonderbares Ding, eine Art Walze, ganz und gar aus wasserklarem Glas. Durch das Innere der Glaswalze ging von einem Ende zum anderen ein Eisenstab. „Donnerwetter, alter Junge“, brummte Lukas schließlich. „Das ist das Verbindungsstück!“

Sie hoben mit vereinten Kräften die Last hoch und schoben sie in die Vertiefung auf dem Boden. „So, das hätten wir geschafft“, sagte Lukas, „und jetzt wollen wir schleunigst an die frische Luft.“ „Pst“, flüsterte Jim, „hör doch mal, Lukas. Was is’ das?“

Ein sonderbarer Ton drang an ihr Ohr, ein metallisches Klingen, tief und dunkel wie aus dem Inneren der Erde, das langsam mehr und mehr anschwoll und den Boden erzittern ließ.
„Komm her, Jim!“, rief Lukas durch das Getöse und zog seinen kleinen Freund zu sich heran.
Mit einem Mal ließ das unerträglich laute Dröhnen nach.
Nur noch ein feines Singen, hoch und gläsern, lag in der Luft.
Zugleich aber begann die gläserne Walze, ein wundervolles, bläuliches Licht auszustrahlen. Staunend blickten sich die beiden Freunde um. All die vielen Wände und Säulen der Tropfsteingrotte warfen das bläuliche Licht glitzernd und funkelnd zurück wie Millionen und Abermillionen winzigkleiner Spiegel, sodass man glauben konnte, im Palast der Schneekönigin zu stehen.
Nun konnten die Freunde den Eingang leicht wiederfinden.

Schließlich erreichten sie wohlbehalten, wenn auch ziemlich erschöpft, die Öffnung des Schachtes und kletterten ins Freie.
Das Bild, das sich ihren Augen bot, war so überwältigend schön, dass sie lange keine Worte fanden. Das ganze, vorher so finstere und unheimliche Meer strahlte aus der Tiefe herauf in einem milden, grünen Schimmer von einem Horizont bis zum anderen und es war ein so wunderbares Grün, wie es nur im Regenbogen oder bei wenigen, sehr seltenen Edelsteinen vorkommt.
„Schau dir das an, Jim“, sagte Lukas gedämpft. „Das ist das Meeresleuchten!“
Und sie waren beide sehr stolz darauf, dass sie es wieder in Ordnung gebracht hatten.

Michael Ende, F. J. Tripp

Strom in der Natur: Zitteraale

Zitteraale leben ausschließlich in Südamerika. Sie werden bis zu 2,5 Meter lang und wiegen bis zu 20 Kilogramm. Da sie nachtaktive Tiere sind, haben sie nur ganz kleine Augen. Sie müssen alle 15 Minuten zum Atmen an die Wasseroberfläche kommen, weil ihre Kiemen stark verkümmert sind. Der größte Teil ihres Körpers besteht aus dem Schwanzmuskel. Mit ihm teilen die Zitteraale starke elektrische Schläge aus. In einer Stunde kann ein Zitteraal bis zu 150 Stromschläge erzeugen. Mit diesen Stromstößen töten oder lähmen sie ihre Beutetiere. Die Zitteraale machen Jagd auf Fische, Amphibien und kleine Säugetiere. Sie setzen auch leichte Stromstöße ein, um sich in trüben Gewässern zu orientieren, um sich untereinander zu verständigen, um ihr Revier abzugrenzen und um einen Partner zu finden. Bei Gefahr können sie sich mit ihren Stromschlägen auch verteidigen.

1 Welche Informationen über den Zitteraal findet ihr besonders interessant?

2 Zitterrochen und Zitterwels teilen auch Stromschläge aus. Informiere dich und berichte.

Elektrizität – nicht nur aus der Steckdose

Große Ballon-Party

Du brauchst:

- viele Luftballons

Blase die Luftballons auf und reibe sie an einem Pullover. Dann steigst du auf eine Leiter und hältst den Ballon mit der geriebenen Stelle an die Decke.

Was passiert?
Die Ballons werden elektrisch aufgeladen und haften jetzt an der Decke.

Der Magnet aus Strom

Du brauchst:

- einen dicken Nagel
- isolierten Draht
- eine Block- oder Flachbatterie
- Stecknadeln

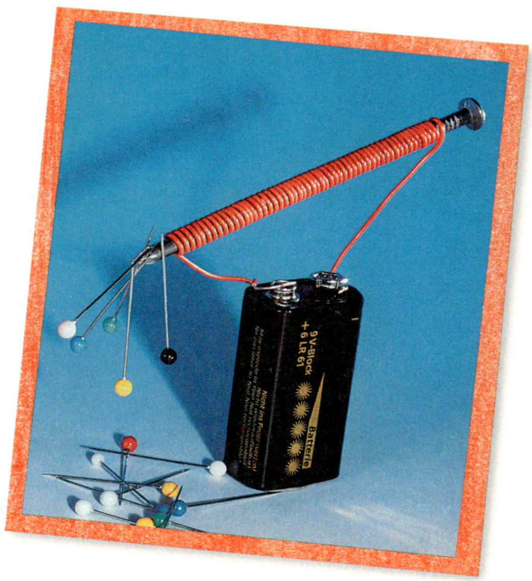

Wickle den Draht dicht um den Nagel. Dann entfernst du an den Drahtenden die Isolierung und verbindest den Draht mit der Batterie.

Was passiert?
Der Nagel wird zum Magneten und zieht die Stecknadeln hoch.
Achtung! Die Batterie wird schnell warm.
Du kannst den Versuch daher immer nur kurze Zeit durchführen.

Zwei Stifte am Stecker

In Deutschland hat ein Stromstecker immer zwei Stifte. Durch diese Stifte fließt der Strom von der Steckdose zur Lampe. Und wenn der Stecker gezogen ist, leuchtet auch die Lampe nicht mehr.

Das rote Lämpchen leuchtet

An den meisten Geräten ist ein Schalter zum An- und Ausschalten. Aber Achtung! In einem modernen Haushalt leuchtet bei vielen Geräten auch nach dem Ausschalten noch ein rotes Lämpchen, vor allem dann, wenn das Gerät mit der Fernbedienung ausgeschaltet wurde. Das Gerät ist damit auf stand-by (sprich: ständbei) geschaltet. Es ist also immer bereit, ganz schnell mit der Fernbedienung wieder eingeschaltet zu werden. Klar, dass dann auch in dieser Zeit Strom verbraucht wird. Wirklich ausschalten kann man viele Geräte, vor allem Computer, Videorekorder und Fernseher nur, wenn man sie am Gerät ausschaltet oder tatsächlich den Stecker zieht.

1 Was würdest du gerne ein- oder ausschalten?

2 Suche weitere Experimente und führe eines vor.

Auf dem Weg zum Leseprofi

Beim Lesen unbekannte Wörter nachschlagen

In Sachtexten stehen oft Fachbegriffe. Wenn du sie nicht kennst, musst du herausfinden, was sie bedeuten.

So schaffst du das

- Überprüfe beim Lesen, ob du alle Fachbegriffe verstehst.
- Schreibe die Fachbegriffe auf, die du nicht kennst.
- Informiere dich im Lexikon, in Sachbüchern oder im Internet.
- Lies den Text noch einmal. Verstehst du ihn jetzt besser?

Magnetische Kräfte

Magnete bestehen immer aus Eisen und ziehen alle Gegenstände aus Eisen oder Stahl an. Es gibt unterschiedliche Magnete, zum Beispiel Hufeisenmagnete, Stabmagnete und runde Magnete. Die Kraft eines Magneten hängt von seiner Größe und seiner Form ab. Hufeisenmagnete sind stärker als Stabmagnete und diese sind wiederum stärker als runde Magnete. Bei gleichen Formen ist immer der größere auch der stärkere Magnet.

Die Stellen, an denen der Magnet am stärksten ist, heißen Pole. Gleiche Magnetpole stoßen sich voneinander ab, ungleiche Pole ziehen sich gegenseitig an.

Unser Planet Erde ist von einem Magnetfeld umgeben. Es entsteht durch elektrische Ströme im Erdkern, der aus flüssigem Eisen besteht. Dieses Magnetfeld schirmt die Erde von der gefährlichen Strahlung der Sonne ab. Dadurch wird es erst möglich, dass wir auf der Erde leben können.

Eine wichtige Erfindung, die mit dem Magnetismus zusammenhängt, ist der Kompass. Ein Kompass zeigt an, wo Norden ist. Die Nadel eines Kompasses ist magnetisch und richtet sich immer nach dem Nordpol der Erde aus, weil sie von ihm angezogen wird.

Die Zugvögel, die im Herbst in Richtung Süden und im Frühling wieder Richtung Norden fliegen, richten sich auch nach dem Magnetfeld der Erde.

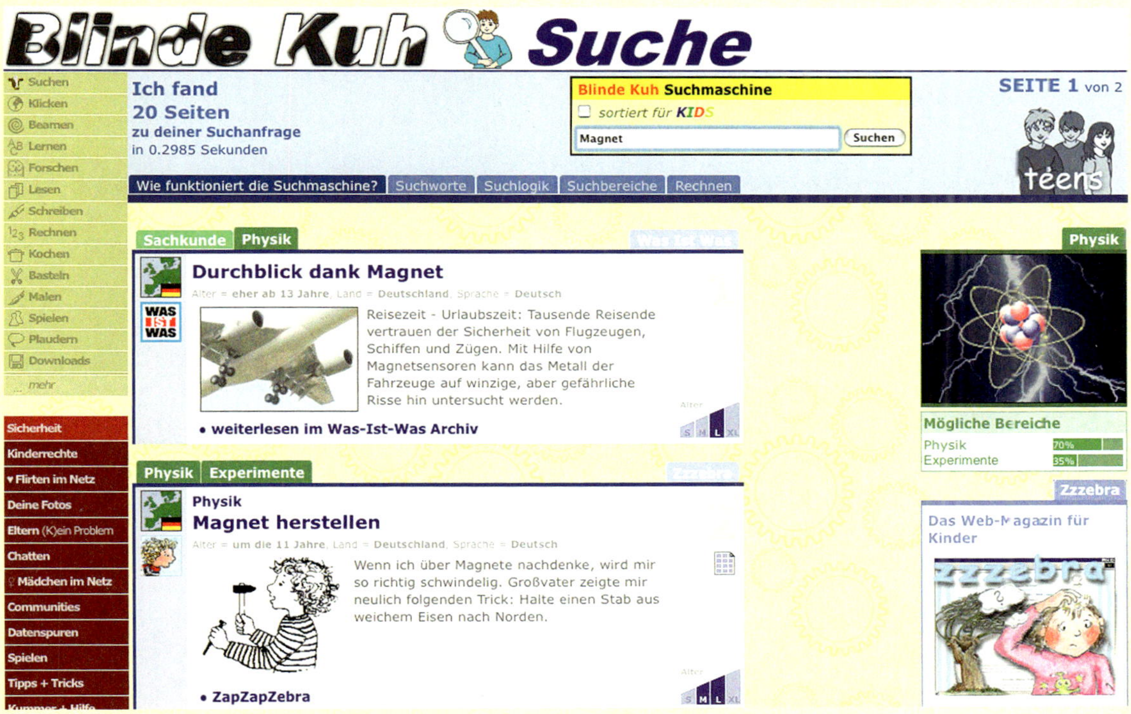

Ich und mein Körper

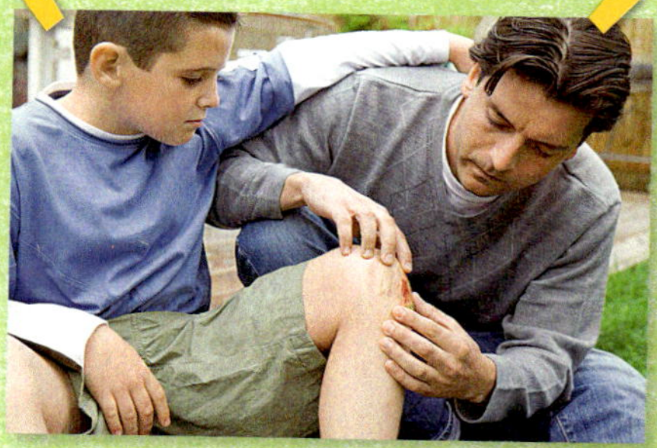

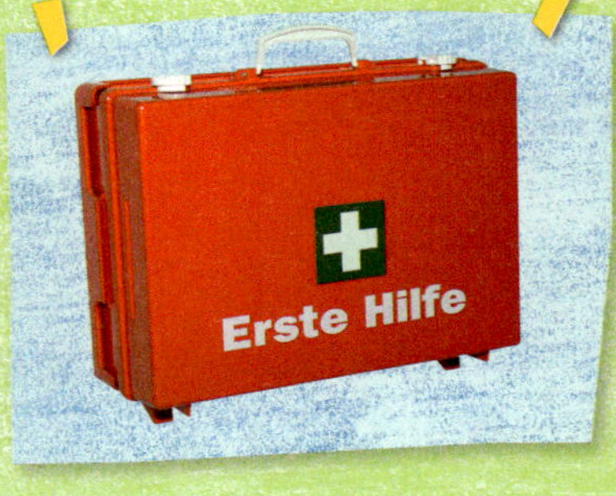

1 Welche Fotos passen auch zu dir?

2 Gestaltet eine Collage:
Das ist gut für meinen Körper!

→ S. 197: Texte und Bilder präsentieren

Erste Hilfe: Keiner ist zu klein, um ein Helfer zu sein

Gleich wird etwas passieren!
Solche oder ähnliche Situationen kennst du aus den Pausen oder vom Spielplatz.
Manchmal verletzt sich dabei ein Kind.

So hilfst du richtig:
Es ist ganz wichtig, dass du bei dem verletzten Kind bleibst.

Sieh dem Kind in die Augen.
Man nennt das Blickkontakt.

Sprich das Kind an.

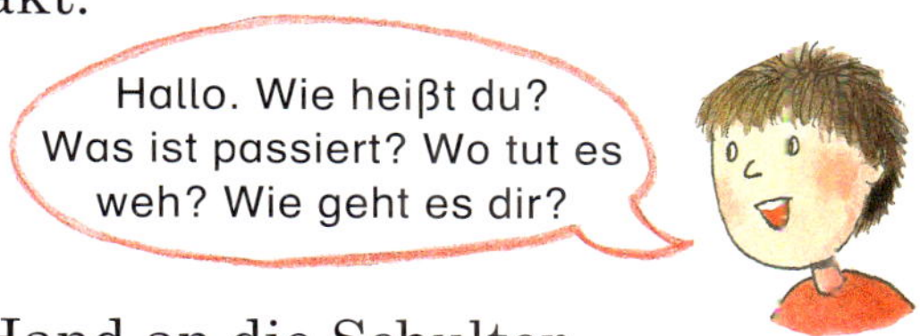

Lege dem Kind sanft die Hand an die Schulter, während du mit ihm sprichst. Das gibt dem Kind ein Gefühl von Sicherheit.

Überlege: Kann ich alleine helfen?
Muss ich sofort Hilfe holen?

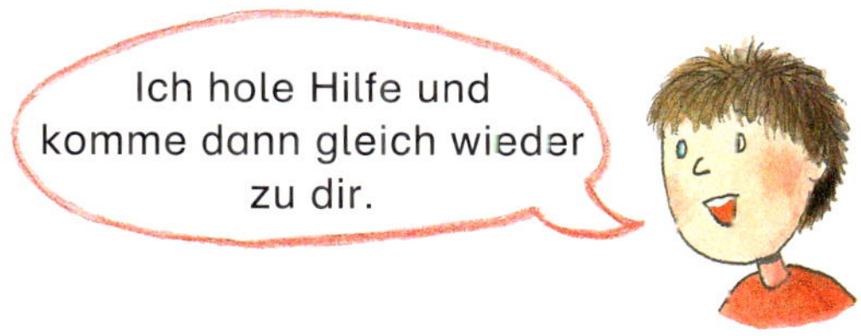

Wenn du Hilfe holst,
wähle die Notrufnummer 112.

Tröste das Kind.
Du kannst es streicheln oder ihm die Hand halten.

1 Erfindet ein Zeichen für „trösten“.

Läuse

Weil Kathis Großmutter nicht Oma gerufen werden möchte, wird sie von Kathi „Lady“ (sprich: Läidi) genannt. Jeden Montag holt sie Kathi von der Schule ab, dann gehen die beiden zusammen in ein Café.

„Sag einmal, mein Engel, warum fummelst du dir denn unentwegt auf dem Kopf herum?“, fragte die Lady.
„Nur so“, murmelte Kathi. „Es juckt mich. Die Mama sagt, weil ich nervös bin!“
Die Lady runzelte die Stirn und holte die Brille aus ihrer Handtasche. Die setzte sie nur auf, wenn sie etwas sehr genau sehen wollte. Sie starrte durch die Brille auf Kathis schwarze Lockenpracht. Ganz dicht rückte sie dabei an die Kathi heran.
„Warum schaust du denn so? Nervöse Nerven sieht man doch nicht!“, sagte die Kathi.
„Aber Läuse sieht man“, sagte die Lady. „Wenn es juckt, können es leicht Läuse sein.“ Die Kathi begann vor Entsetzen zu schielen.
„Nein, bitte nicht“, sagte sie leise.
„Doch, danke ja“, sagte die Lady genauso leise. Die Kathi fragte sie: „Hab ich welche?“ Die Lady nickte.
Hätte Kathi weinende Mädchen nicht aus ganzer Seele verachtet, hätte sie sicher zu weinen angefangen. Doch so schluckte sie alle Tränen tapfer hinunter und fragte bloß: „Was tun wir denn jetzt?“
„Wir kaufen ein Lausmittel und waschen damit deine Haare und hoffen, dass nicht nur die Läuse, sondern auch die Lauseier davon tot werden!“
Da fühlte sich die Kathi noch viel elender. Nicht nur Läuse, sogar Lauseier auf dem Kopf zu haben, war schrecklich!
Der Kopf juckte jetzt noch viel mehr als vorher, aber um nichts in der Welt hätte Kathi ihren Kopf gekratzt.
Die Lady fuhr zu einer Apotheke. Kathi blieb im Auto sitzen.

Fips erklärt

Lady: englisches Wort für Dame
Lockenpracht: besonders viele schöne Locken

Die ganze Zeit, während die Lady in der Apotheke war, kämpfte Kathi gegen die Tränen an. Aber es nutzte nichts! Als die Lady mit dem Lausmittel zurückkam, weinte die Kathi. „Ich will keine Läuse haben“, schluchzte sie. „Ehrlich! Ich will nicht!“ „Wer will das schon, mein Engel“, lachte die Lady. Und den ganzen Heimweg über redete sie der Kathi gut zu. Dass Läuse doch nicht der Weltuntergang seien, sagte sie. Als Kind habe sie auch Läuse gehabt. Ein paar Mal sogar. Jeden Tag habe sie die Läuse vom Kopf gekämmt und wenn sie ein paar Läuse mehr als ihre Schwester erjagt hatte, dann sei sie der Sieger gewesen! Für Kathi war das kein Trost. Sie schluchzte weiter, was das Zeug hielt. Im Badezimmer holte die Lady drei Flaschen Lausmittel aus einer Tragetasche. „Bei deiner Haarpracht brauchen wir drei!“ Die Kathi musste sich ausziehen und in die Badewanne setzen und einen Waschlappen vor das Gesicht halten. Die Lady kippte alle drei Flaschen über Kathis Kopf und massierte das Zeug ein. Dann wickelte sie ein Handtuch über Kathis Kopf. „In zwanzig Minuten“, sagte sie, „spülen wir die toten Läuse weg und singen ihnen einen Begräbnis-Choral!“ Das brachte sogar die Kathi ein ganz klein wenig zum Lachen.

Christine Nöstlinger

1

- Wer ist Lady?
- Was hat Lady gemacht, als sie Läuse hatte?
- Warum lässt sich Kathi so schwer trösten?

S. 199: Einen Text vortragen

Guten Appetit!

Die faszinierende Arbeit der Milchsäurebakterien

Aus Milch werden viele verschiedene Lebensmittel hergestellt. Bei manchen würdest du gar nicht vermuten, dass sie vorher einmal Milch waren. Dazu gehören Butter, Sahne, Käse, Joghurt, Buttermilch, Kefir, Molke, Dickmilch und Quark. Diese Milchprodukte lagern meistens im Kühlschrank, da sie schnell verderben können.

Joghurt entsteht, wenn man in die Milch ganz spezielle Bakterien (Milchsäurebakterien) einrührt und sie dann für einige Zeit ungestört arbeiten lässt.
Die Bakterien mögen den Milchzucker und während sie sich daran zu schaffen machen, entsteht Milchsäure. Diese Säure schmeckt herrlich erfrischend. Sie kann aber noch mehr, nämlich aus der flüssigen Milch festen Joghurt machen. Dies passiert, weil das Eiweiß in der Milch durch Säure klumpt – oder, wie es in der Fachsprache heißt, „gerinnt“.

Ich könnte über lange Zeiten
mich ohne Hilfe selbst verpflegen.
Zum Beispiel nur mit Süßigkeiten.
Doch meine Eltern sind dagegen.

Frantz Wittkamp

Knabbergemüse mit Dipp

Das musst du tun:

1. Schäle die Möhren und stelle sie in ein Glas.
2. Schneide die Kräuter klein.
3. Vermische Joghurt, Frischkäse und Kräuter.
4. Würze den Dipp mit Salz und Pfeffer.

Du brauchst:
Möhren mit Grün
3 EL Naturjoghurt
2 EL Frischkäse
Petersilie, Schnittlauch, …
Salz und Pfeffer

Gemüsezoo

Tyrannosaurus Rotkohlus

1 Der Künstler Christian Hückstädt hat den Gemüsezoo fotografiert.
Suche Namen für die anderen „Tiere“.

Schmökertext

Der Windpocken-Geburtstag

Trille und Lena, seine beste Freundin, leben in zwei benachbarten Häusern in Norwegen. Trille erzählt, was er mit Lena Lustiges und Aufregendes erlebt.

Lena hat wie alle anderen Menschen auch nur einmal im Jahr Geburtstag. Man könnte aber meinen, es wäre häufiger, so oft redet sie darüber. Und jetzt ist es endlich wieder so weit. Lena lud uns zu ihrem Geburtstag ein. Acht Jungs und mich.

Ein paar Stunden bevor sie kommen sollten, ging ich hinüber, um nachzugucken, ob sie auch genug Kuchen gebacken hatten.

Lenas Mutter öffnete mir. „Gut, dass du kommst, Trille. Vielleicht kannst du sie trösten.“

Lena lag auf dem Sofa. Sie sah nicht gut aus.

„Bist du krank?“, fragte ich verblüfft.

„Ja, ich bin krank! Ich habe Punkte auf dem Bauch!“, schrie sie, als ob das meine Schuld wäre. „Und keiner will mich besuchen, alle haben Angst, sich anzustecken, denn es sind doch Ferien!“

Lena warf ein Kissen an die Wand und alle Bilder im Wohnzimmer erzitterten. Was für eine Katastrophe.

„Ach, Lena“, sagte ich traurig.

Nach einer Weile kam meine Mutter und wollte fragen, ob ich nicht beim Dekorieren störte.

„Aber Lena, was ist denn los, bist du krank?“, fragte auch sie und setzte sich auf die Sofakante. Mama versteht viel von Krankheiten.

„Was meinst du, was das ist, Kari?“, fragte Lenas Mutter und kam mit Tee zu uns.

Mama nahm an, dass es Windpocken sein könnten.

Als ich drei Jahre alt war, hatte ich die Windpocken, wie sie erzählte, und die kriegt man immer nur einmal. Also konnte ich Lena ohne Probleme besuchen. Wenn Lena es denn wollte.

Das wollte Lena und um sechs Uhr trat ich mit Geschenk und in guter Hose bei ihr an. Das Geschenk war ein Krocketspiel. Ich glaube, Lena gefiel es.
Sie meinte, dass man die Krocketschläger für alles Mögliche benutzen kann.

Es war eine schöne Feier.

Lenas Mutter hatte ihr das Bett im Wohnzimmer gemacht und Lena saß darin und kommandierte uns herum wie eine Königin. Lena und ich guckten eine DVD und hatten die ganze Sahnetorte für uns.

Nur einmal wurde Lena wieder wütend auf die dummen Windpocken und schmiss eine Zimtschnecke an die Wand.

„Musst du immer so aufbrausen“, sagte ihre Mutter seufzend.

Im Laufe des Abends ging es dem Geburtstagskind immer schlechter und ich dachte, es sei wohl das Beste, wenn ich nach Hause ginge. Aber davon wollte Lena nichts wissen.
Es ginge ja nicht, dass der einzige Gast um halb acht abhaute, wenn die Feier doch bis neun Uhr gehen sollte. Also nahm ich mir noch ein Stück Sahnetorte, während Lena in ihrem Bett schlief.

Maria Parr, Marine Ludin

Fips erklärt

Krocket:
Spiel, bei dem mit Holzschlägern Holzkugeln durch kleine Tore geschlagen werden

Zum Gähnen

Dein Mund öffnet sich so weit, als wolltest du deinen eigenen Kopf verspeisen.
Luft strömt in deine Lunge ein und wieder aus.
Deine Augen werden feucht. Das Ganze dauert etwa 5 Sekunden.
Aber was ist Gähnen?

Seltsamerweise ist das Gähnen eines der letzten großen Geheimnisse des menschlichen Körpers. Man vermutet, dass dein Körper Sauerstoff braucht und dich deshalb gähnen lässt. Man gähnt, wenn man müde ist, gelangweilt oder nervös. Du gähnst, wenn du jemand anders gähnen siehst.

Allein über das Gähnen zu lesen, kann schon das Bedürfnis bei dir auslösen, selbst zu gähnen. Wahrscheinlich denkst du gerade daran zu gähnen. An das Gähnen zu denken, führt dazu, dass du gähnen möchtest. Du würdest jetzt gern gähnen. Du willst gähnen.
Du gähnst.

1 „Gähnen steckt an." Schreibe eine Geschichte.

Sie mag Musik nur, wenn sie laut ist

Sie sitzt den ganzen Tag auf ihrer Fensterbank,
lässt ihre Beine baumeln zur Musik.
Der Lärm aus ihrem Zimmer macht alle Nachbarn krank.
Sie ist beseelt, lächelt vergnügt.

Sie weiß nicht, dass der Schnee lautlos auf die Erde fällt,
merkt nichts vom Klopfen an der Wand.

Sie mag Musik nur, wenn sie laut ist,
das ist alles, was sie hört.
Sie mag Musik nur, wenn sie laut ist,
wenn sie ihr in den Magen fährt.

Sie mag Musik nur, wenn sie laut ist.
Wenn der Boden unter den Füßen bebt,
dann vergisst sie, dass sie taub ist.

Der Mann ihrer Träume muss ein Bassmann sein,
das Kitzeln im Bauch macht sie verrückt,
ihr Mund scheint vor lauter Glück still zu schrein,
ihr Blick ist der Welt entrückt.

Herbert Grönemeyer

1 Warum liebt das Mädchen nur laute Musik?

2 Wie spürt das Mädchen die Musik?

Aber dafür habe ich anderes

Paula und die Kinder ihrer Klasse besuchen Leo. Leo heißt eigentlich Leonie und ist seit ihrer Geburt blind.

Paula folgte den anderen die Stiege hinunter in Leos Zimmer, das nun alle unbedingt mal sehen wollten. Das Zimmer von einem blinden Mädchen würde ja vielleicht ganz anders aussehen als ihres. Es sah aber überhaupt nicht anders aus – ein Bett, ein Schrank, ein Schreibtisch, ein Bücherregal, auf dem Fensterbrett ein Blumentopf. Überraschend war nur, wie sicher Leo sich in ihrem Zimmer bewegte, obwohl sie doch überhaupt nichts sehen konnte.

Paula ging gleich ans Bücherregal. So ein Buch, in dem man die Buchstaben mit den Fingerspitzen ertasten musste, hätte sie gern einmal gesehen. „Zeig doch mal, wie du liest“, bat sie Leo. Mit sicherem Griff nahm Leo eines von diesen sehr dicken und großformatigen Büchern in die Hände und schlug es auf. Alle beugten ihre Köpfe darüber. Tatsächlich, die Buchseiten zierten nur viele hervorgehobene Punkte, in den verschiedensten Anordnungen; irgendwelche Buchstaben waren nicht zu sehen. „Das ist aber nicht mein eigenes“, klärte Leo sie auf. „Es ist aus der Schulbibliothek. Solche Bücher sind nämlich sehr teuer.“ „Lies doch mal was vor“, bat Lisa. „Wenn ihr unbedingt wollt!“ Leo setzte sich an ihren Schreibtisch, breitete das riesige Buch vor sich aus, ließ die Finger über die Zeilen gleiten und las vor: „Ein König hatte eine Tochter, die war über alle Maßen schön, aber dabei so stolz …“

„Kannst du dir denn alles richtig vorstellen?“, fragte Kevin. „Ich meine, wie eine Prinzessin aussieht und so? Wir haben ja schon mal welche im Kino gesehen oder im Fernsehen. Aber du … du doch nicht.“
„Doch“, sagte Leo. „Ich kann mir alles vorstellen. Nur ob es richtig ist, weiß ich manchmal nicht. So eine Prinzessin, die müsste ich mal anfassen dürfen. Ihr Kleid, ihre Schuhe, ihre Krone …“

Alle schwiegen. Leo war immer so lustig, sie zeigte nie, dass ihr etwas fehlte. Aber na klar, was sie nicht anfassen durfte, konnte sie nicht „sehen“. Und woher sollte sie denn wissen, was „grün“ bedeutete oder „rot“, „schwarz“, „gelb“, „blau“, „silber-“ und „goldfarben“?
Leo schien wieder mal zu ahnen, was sie dachten.
„Ja“, sagte sie, „manches fehlt mir. Aber dafür habe ich anderes.“
Und sie erzählte ihnen, dass sie alle Laubbäume voneinander unterscheiden könne, nur durch das Abtasten der Blätter. Und auch jede Rinde fühle sich anders an.

Danach wollte Sascha wissen, weshalb Leo denn keinen Blindenhund hatte. Die seien doch sehr praktisch. Er habe mal einen blinden Mann gesehen, der von seinem Hund durch die Straßen geführt worden sei. „An jeder Ampel ist der Hund stehen geblieben und erst weitergelaufen, wenn Grün war.“
Leo erklärte, dass sie später vielleicht auch einmal einen solchen Hund haben würde, weil ein Blindenstock längst nicht so hilfreich sei, jetzt aber brauche sie noch keinen.
„Meine Eltern und mein Opa bringen mich ja überall hin.“

Klaus Kordon

1 Stell dir vor, du wärst blind.
Was würde dir fehlen?

Auf dem Weg zum Leseprofi

W-Fragen an den Text stellen

Beim Lesen erfährst du oft Neues.
Du kannst überprüfen, ob du alles verstanden hast,
wenn du dir Fragen zum Text überlegst.
Fragen fangen oft mit W-Wörtern an.

So schaffst du das

- Lies den ganzen Text aufmerksam.
- Schreibe W-Fragen dazu auf.
  WER …? WAS …? WANN …? WIE …?
  WO …? WARUM …?
- Lass einen Partner deine Fragen
  mit dem Text beantworten.

Warum schwitzt du?

Du schwitzt vor allem dann, wenn es nötig ist, dich abzukühlen. Am besten geht es dir nämlich, wenn es in deinem Körper etwa 37 Grad warm ist.

An einem heißen Sommertag, aber auch wenn du Sport treibst oder Fieber hast, ist deine Körpertemperatur oft höher als 37 Grad. Dann wird das Temperaturzentrum in deinem Gehirn aktiv und deine eigene Kühlung läuft an.

Zuerst lässt dein Temperaturzentrum mehr Blut durch deine Haut fließen. Vor allem im Gesicht wirst du nun etwas rot und du kannst die Wärme aus dem Inneren des Körpers direkt unter der Haut spüren. Ein Teil der Wärme wird nun an die kühlere Luft der Umgebung abgegeben. Wenn das nicht ausreicht, dann lässt dein Körper durch die vielen kleinen Poren in deiner Haut etwas Wasser nach außen wandern: Jetzt schwitzt du richtig. Weil dieser Schweiß auf deiner Haut verdunstet, wirst du noch stärker abgekühlt.

Hast du schon einmal an deinem Arm geleckt, nachdem du richtig geschwitzt hast? Du kannst schmecken, dass nicht nur Wasser, sondern auch Salz aus deinem Körperinneren durch die Poren nach außen gedrungen ist. Am Ende bleibt eine dünne Salzschicht auf deiner Haut.

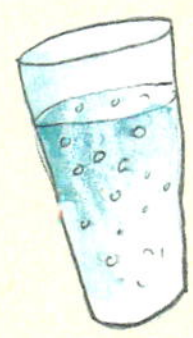

Übrigens: Je mehr du schwitzt, desto mehr musst du auch trinken, damit du immer genügend Wasser im Körper hast. Und dass eine erfrischende Dusche nach dem Sport oder nach einem heißen Tag nötig ist, das verstehst du jetzt auch.

Viele Erwachsene gehen übrigens in die Sauna, um dort absichtlich zu schwitzen. Sie merken, dass sie sich danach viel wohler fühlen.

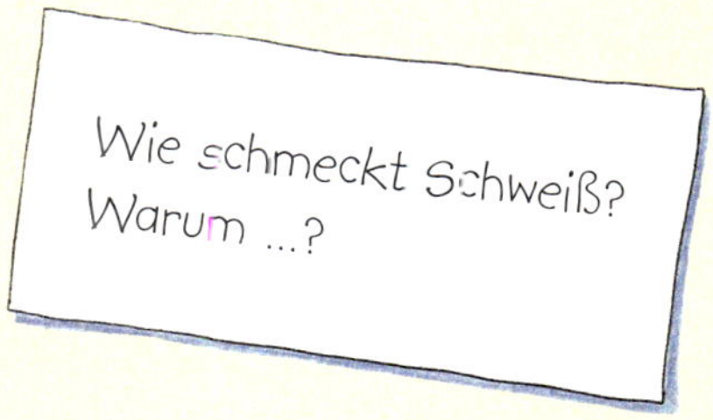

Burg Altena

Die Burg Altena wurde im 12. Jahrhundert im Sauerland hoch über dem kleinen Fluss Lenne errichtet.
Zu Beginn des letzten Jahrhunderts wurde die im Laufe der Zeit zerfallene Burg wieder aufgebaut.
1912 gründete Richard Schirmann hier die erste Jugendherberge der Welt.

1 Welche Bauwerke aus alter Zeit gibt es bei euch in der Umgebung?

2 Sammelt Bilder und Prospekte und gestaltet eine Collage.

S. 197: Texte und Bilder präsentieren

Die Zeit

Man kann sie nicht riechen,
man kann sie nicht schmecken,
man kann sie einfach
nirgends entdecken.

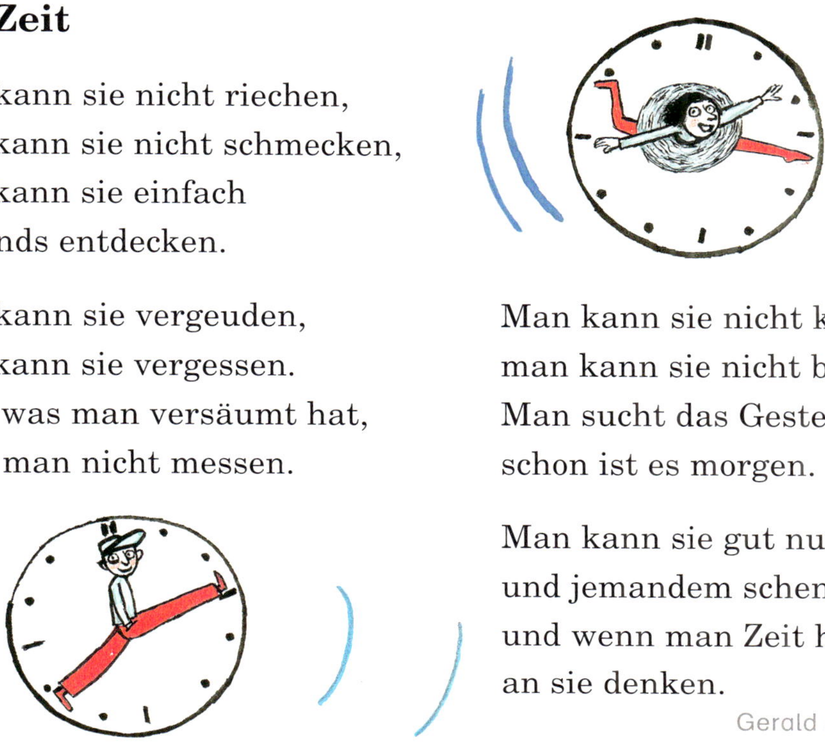

Man kann sie vergeuden,
man kann sie vergessen.
Doch was man versäumt hat,
kann man nicht messen.

Man kann sie nicht kaufen,
man kann sie nicht borgen.
Man sucht das Gestern,
schon ist es morgen.

Man kann sie gut nutzen
und jemandem schenken,
und wenn man Zeit hat,
an sie denken.

Gerald Jatzek

1 Von wem wünschst du dir Zeit
und wem könntest du Zeit schenken?

Vergangen

```
VERGANGENVERGANGENVERGANGENVERGANGENVERGANGENVERGANGENVERGA
ERGANGE   RG         A           E            R           N
RGANGEN   GA         N           N            G           G
GANGENV   AN   VERGANGENVE   NGENVERGANGENV   ANGEN   GANGE
ANGENVE   NG   ERGANGENVER   GENVERGANGENV   ANGENV   ANGEN
NGENVER   GE   RGANGENVERG   ENVERGANGENV   ANGENVE   NGENV
GENVERG   EN   GANGENVERGA   NVERGANGENV   ANGENVER   GENVE
ENVERGA   NV       NVERGAN   VERGANGENV   ANGENVERG   ENVER
NVERGAN   VE       VERGANG   ERGANGENV   ANGENVERGA   NVERG
VERGANG   ER   GENVERGANGE   RGANGENV   ANGENVERGAN   VERGA
ERGANGE   RG   ENVERGANGEN   GANGENV   ANGENVERGANG   ERGAN
R   GEN   GA   NVERGANGENV   ANGENV   ANGENVERGANGE   RGANG
G   ENV   AN   VERGANGENVE   NGENV   ANGENVERGANGEN   GANGE
A         NG         ENVER   GENVE            NGENV   ANGEN
N         GE         NVERG   ENVER            GENVE   NGENV
GENVERGANGENVERGANGENVERGANGENVERGANGENVERGANGENVERGANGENVE
```

Karin Höpner

S. 198: Ein Gedicht vortragen

Wenn die fremden Reiter kommen

Hilde und Heinz treiben die Schweine in den Wald. Die Schweine sollen sich an Eicheln satt fressen. Auf einmal sieht Hilde zwischen den Hügeln auf der anderen Seite des Flusses eine Gruppe Reiter. Die Reiter tragen Waffen und Helme. Hilde und Heinz rennen ins Dorf. „Fremde Reiter!“, schreien sie. „Sie sind schon am Fluss!“ Die Mutter treibt Kuh und Ochse aus dem Stall. Der Vater lädt den Tieren Säcke mit Rüben und Getreide auf. Heinz und Hilde fangen die Hühner ein und stecken sie in einen großen Korb. Schnell laufen sie aus dem Dorf hinaus und zur Burg. Dort werden sie bei Ritter Ulrich Schutz erbitten. Hinter ihnen laufen die anderen Bauern mit ihren Familien und ihren Tieren. Der Vater erzählt dem Burgvogt*, was Hilde und Heinz gesehen haben. Sofort werden bewaffnete Knechte oben auf der Burgmauer und auf beiden Türmen verteilt. Die Zugbrücke wird hochgezogen. Jetzt kann niemand mehr in die Burg hinein. Die Knechte von Ritter Ulrich zünden Feuer an und hängen große Kessel darüber. Körbe voller Steine werden auf die Mauern geschleppt. Ritter Ulrich schickt seine Bogenschützen auf den Wehrgang und steigt selber auf den Turm, wo schon zwei Späher Ausschau halten.

Fips erklärt

Burgvogt: Verwalter der Burg, zuständig für alles, was für das Burgleben nötig und wichtig war

Mit Ritter Ulrich ist ein Junge auf den Hof gekommen.
Er trägt ein rotes Gewand. Der Junge hat sogar Schuhe an, obwohl es heute gar nicht kalt ist.
Heinz sagt: „Das ist bestimmt Ulrichs Sohn!“
Der Junge rennt über den Hof auf Hilde und Heinz zu.
„Wir empfangen die Angreifer mit einem Steinhagel und schütten ihnen kochendes Pech auf die Köpfe!“
„Hast du keine Angst?“, fragt Heinz.
„Ich bin doch schon sieben Winter alt!“, sagt der Junge stolz.

„Die Reiter haben den Fluss überquert!“, ruft der Späher von oben in den Hof.
Auf einmal rasselt die Zugbrücke herunter. Ulrich kommt vom Turm und befiehlt, das Tor zu öffnen. Die fremden Männer reiten friedlich in den Hof. Ulrich umarmt den ersten Reiter und geht mit ihm ins Herrenhaus.
„Wer sind die Fremden?“, fragen Hilde und Heinz.
„Das ist der Bruder des Burgherrn mit seinem Gefolge“, erklärt der Vater. „Er reist an den Königshof und will hier zwei Tage rasten. Ulrichs Sohn wird mit seinen Verwandten fortreiten. Der Junge erhält in der Fremde seine ritterliche Erziehung. Wenn er erwachsen ist, wird er unser neuer Herr. Vielleicht kehrt er aber auch niemals zurück.“
„Der arme Junge von Ritter Ulrich muss fort!“, sagt Hilde.
Heinz lacht. „Wieso arm? Er hat Schuhe und das rote Gewand. Und er reitet an den Königshof.“

Maria Seidemann

1

- Was machen Hilde und Heinz, als sie die Reiter sehen?
- Warum lässt Ritter Ulrich die Reiter doch in die Burg?
- Wärst du gerne der Sohn des Ritters? Begründe.

Ein Ausflug zur Burg

Die Kinder der Klasse 3a fahren heute zu einer Burg, um sie zu besichtigen. Bereits von Weitem können sie die Burg auf einer Anhöhe sehen.

Um in die Burg zu kommen, müssen sie den steilen Berg hinaufgehen bis zum Burgtor, dem einzigen Eingang in die Burg.

Eine Zugbrücke führt über den Burggraben. Bei Gefahr wurde sie hochgezogen.

Das Hauptgebäude einer Burg war der Palas. Im Rittersaal sind ein großer Tisch und viele Waffen und Schilde zu sehen. Im Palas befanden sich auch die Zimmer des Burgherrn.

Beim Rundgang kommen die Kinder nun in die Kemenate. Hier lebten die Burgfrauen. Nur der Rittersaal und die Kemenate konnten früher beheizt werden.

Die Burgkapelle liegt gleich nebenan. Auf der Burg wohnte auch ein Priester, der hier jeden Morgen die Messe hielt.

Anschließend klettern die Kinder auf den Bergfried, den höchsten Turm der Burganlage. Von dort aus konnte man schon früh sehen, wer in die Nähe der Burg kam. Der Bergfried war auch der letzte Zufluchtsort vor Angreifern.

Zum Abschluss besichtigt die Klasse 3a das Burgverlies direkt unter dem Bergfried. Dort wurden die Gefangenen eingesperrt. Auf dem Rückweg sehen sie noch den Burghof mit dem Brunnen. Hier fanden viele Turniere statt.

1 Schreibe in Stichwörtern den Rundgang der Klasse durch die Burg auf.

Die Ausbildung zum Ritter

Ritter galten im Mittelalter als angesehene Krieger. Als Lohn für seine Arbeit erhielt ein Ritter von seinem Landesherrn meist ein Landgut.

Aber nicht jeder konnte Ritter werden, sondern nur der Sohn eines Adligen* oder Ritters. Der Beruf eines Ritters musste richtig erlernt werden. Bis zum siebten Lebensjahr blieb der Junge auf der heimatlichen Burg und wurde von seiner Mutter erzogen, die ihn vor allem in Religion unterrichtete.

Mit sieben Jahren kam der Junge auf die Burg eines befreundeten Ritters und wurde dort ein Page (sprich: Paasche). Von der Burgherrin lernte er gute Manieren, ritterliches Benehmen, Tanz und Musizieren und manchmal auch Schreiben und Lesen. Er half in den Ställen und in der Küche. Bei Tisch bediente er den Burgherrn. Er lernte auch, mit Waffen umzugehen. Dazu bekam er anfangs nur ein Holzschwert.

Mit 14 Jahren wurde der Page einem Ritter zugeteilt. Jetzt war er ein Knappe und begleitete seinen neuen Herrn als persönlicher Diener überallhin. Er musste für seinen Herrn sorgen und ihm in die Rüstung und in den Sattel helfen. Nur selbst kämpfen durfte er noch nicht. Der Knappe verbrachte viele Stunden damit, die Rüstung seines Herrn zu putzen und sich im Reiten, Laufen, Schwimmen, Klettern und Jagen zu verbessern.

Er lernte, sich auf Turniere und den Kampf vorzubereiten. Dafür wurden Strohpuppen an drehbaren Balken befestigt. Der Knappe musste die Puppe im vollen Galopp mit der Lanze treffen.

Im Alter von ungefähr 21 Jahren wurde der Knappe in einer feierlichen Zeremonie* zum Ritter geschlagen. Zuerst musste der junge Mann eine Nacht mit Beten in der Burgkapelle verbringen. Am nächsten Tag kniete er vor seinem Burgherrn nieder und musste schwören, ihm treu zu dienen und das Land zu schützen. Dann schlug ihm der Burgherr dreimal leicht mit dem Schwert auf die Schulter. Im Anschluss daran wurde ein großes Fest gefeiert und oft auch ein Turnier veranstaltet, an dem der junge Ritter jetzt auch teilnehmen durfte.

Fips erklärt

Adlige:
z. B.: Grafen, Fürsten, Könige
Zeremonie:
feierliche Handlung

1 Welche Aufgaben hatte der Knappe als persönlicher Diener seines Herrn?

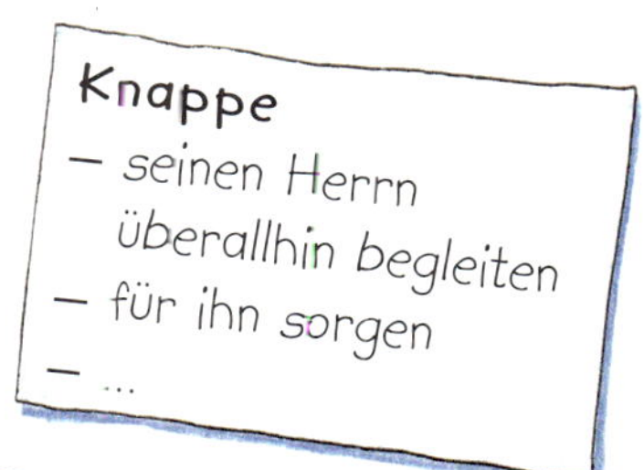

2 Was alles gehörte zur Zeremonie des Ritterschlags?

Die Ritterrüstung

Zu Beginn der Ritterzeit trugen die Ritter nur am Oberkörper einen Schutz aus Eisen und einen Helm. Später wurde der gesamte Körper durch Eisen geschützt. An bestimmten Stellen wurden besondere Teile eingebaut, damit sich der Ritter bewegen konnte. Weil die Rüstung so schwer war, musste der Ritter an einem Seil hochgezogen und auf das Pferd gesetzt werden.

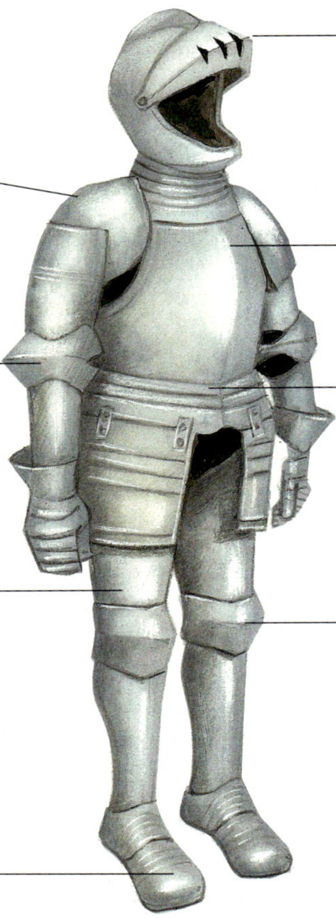

1 Zeichne die Tabelle und trage die Teile der Rüstung ein.

Teile zum Schutz	Teile zur Beweglichkeit
Brustpanzer	...

Ritterspiele

Die Klasse 3a veranstaltet ein Ritterturnier auf dem Schulhof. Dafür haben die Kinder Helme und Schilde aus Karton gebastelt. Dann überlegen sie sich Regeln für das Turnier, denn alle sollen fair und ritterlich kämpfen.

- Die Kämpfer nehmen aufeinander Rücksicht.
- Es ist verboten, dem anderen wehzutun oder ihn zu verletzen.
- Wenn einer der Ritter „Stopp!“ sagt, muss das Spiel sofort unterbrochen werden.

Ritterwettlauf
Ritter in ihren Rüstungen waren sehr wenig beweglich. Für den Ritterwettlauf wird mit Gummiband fester Karton um Beine und Arme befestigt. Wer kommt zuerst ins Ziel?

Brezelstechen
An eine lange Leine werden mehrere Brezeln gehängt. Ein Ritter steigt auf sein Pferd (huckepack auf ein anderes Kind) und versucht nun, mit einer Lanze beim Vorbeireiten eine Brezel aufzuspießen. Die Lanze kann ein Besenstiel sein.

1 Wie könnte das dritte Spiel heißen?

2 Beschreibt das dritte Spiel.

Schmökertext

Violetta

König Wilfried, der Wohlriechende, hatte drei Söhne, denen ließ er all das beibringen, was sein Vater ihm hatte beibringen lassen – das Reiten, das Kämpfen mit Schwert und Lanze und gute Manieren beim Essen. Die drei lernten, stolz daherzuschreiten, mit lauter Stimme zu reden und das, was das Wichtigste für Königssöhne ist, das Befehlen – ihren Dienern, ihren Kindermädchen, ihren Hunden und ihren Pferden.

Doch dann gebar die Königin eine Tochter. Und starb bei der Geburt. Und niemand konnte dem König sagen, was man einer Tochter beibringt. Also ließ er sie dasselbe lernen wie seine Söhne. Obwohl sie kleiner und zarter war als die drei und kaum ein Schwert heben konnte. Violetta Spinnenbein nannten ihre Brüder sie, Violetta Mückenstark, Violetta Fliegenschreck. Die drei prahlten damit, dass sie einem Pferd die Sporen so heftig in die Seite stoßen konnten, dass auch der stolzeste Hengst gehorchte. Sie schlugen den Strohpuppen, mit denen sie das Kämpfen übten, so heftig die Köpfe ab, dass sie über die Schlossmauer flogen – und lachten dreistimmig über ihre kleine Schwester, die Mühe hatte, in der schweren Rüstung auf ein Pferd zu steigen.

„Ach, Emma“, sagte Violetta abends zu ihrer Dienerin, als sie ihr die blauen Flecken kühlte. „Ich werde nie so stark sein, wie meine Brüder.“ „Nicht so stark, aber dreimal so klug“, erwiderte Emma. „Warum bittet Ihr Euren Vater nicht, Euch etwas anderes lernen zu lassen als die elende Kämpferei? Lernt Sticken oder Weben, die Flöte spielen oder sonst etwas Nützliches.“

Aber Violetta schüttelte den Kopf. „Nein“, sagte sie. „Damit meine Brüder weiter über mich lachen? Nein, nein, nein.“ Violetta jedoch schlich künftig jede Nacht aus dem Palast, um all das zu üben, was ihre Brüder so viel besser konnten. Und sie lernte auf ihre Weise. Ohne Geschrei und ohne Sporen. Ganz leise. Leise wie die Nacht.

Ihre Brüder wurden groß und stark wie die Ritter ihres Vaters, aber Violetta wurde mit jedem Tag flinker und treffsicherer. Die Pferde aus dem Stall ihres Vaters trugen sie gern auf ihrem Rücken. Und wenn Violettas Brüder mit den Lanzen nach ihnen stießen, bohrten sie nur Löcher in die Luft. Schwindelig ritt sie ihre Brüder, bis deren Pferde schnaubend die Köpfe hochwarfen und keinen Schritt mehr taten. So lachten die drei Prinzen bald nicht mehr über ihre kleine Schwester. Und Violetta Fliegenschreck nannten sie sie auch nicht mehr.

Doch dann kam der Tag vor ihrem sechzehnten Geburtstag. „Violetta“, sagte ihr Vater, nachdem er sie hatte zu sich rufen lassen. „Ich werde zur Feier deines Geburtstages ein Turnier veranstalten. Der Siegerpreis wird die besten Ritter des Landes herbeilocken.“ „Und was für ein Preis wäre das, Vater?“, fragte Violetta, während sie überlegte, welches Pferd sie reiten würde, welche Rüstung die leichteste war und welcher Federbusch ihren Helm zieren sollte. „Der Sieger“, erwiderte König Wilfried, „wird dich zur Frau bekommen. Also zieh dir dein schönstes Kleid an und übe vor dem Spiegel, freundlich zu lächeln.“

Cornelia Funke, Kerstin Meyer

Fadenspiele

Fadenspiele gibt es schon seit vielen hundert Jahren. Keiner weiß, wer sie erfunden hat. Gleiche oder ähnliche Spiele mit Faden wurden und werden in Australien, Europa oder Japan, in der Wüste oder am Nordpol gespielt. Ursprünglich benutzte man Tiersehnen oder Menschenhaare für das Spiel. Heute wird meist ein Baumwollfaden oder eine Kordel verwendet.
Fadenspiele sind Geschicklichkeitsspiele für eine oder mehrere Personen. Es geht darum, den Faden so um die Finger beider Hände zu legen, dass verschiedene Formen entstehen.

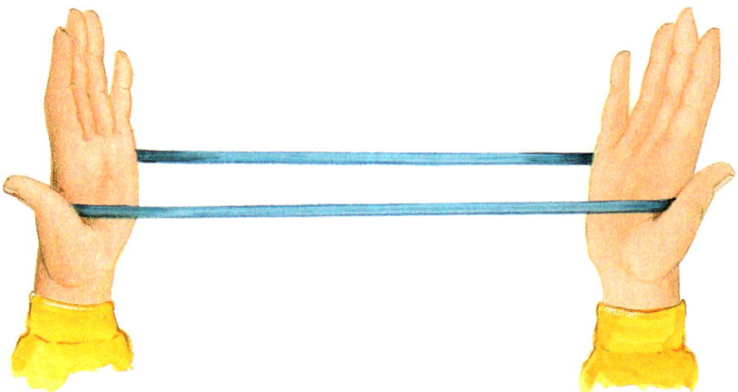

Nora und Kenan spielen zusammen. Nora fängt an und macht zuerst die Grundfigur. Dazu legt sie den Faden über beide Handrücken. Die Daumen bleiben außerhalb des Fadens.

Jetzt fährt sie mit der rechten Hand unter den Faden der linken Hand und zieht die Hände auseinander. Das Gleiche macht sie mit der linken Hand.

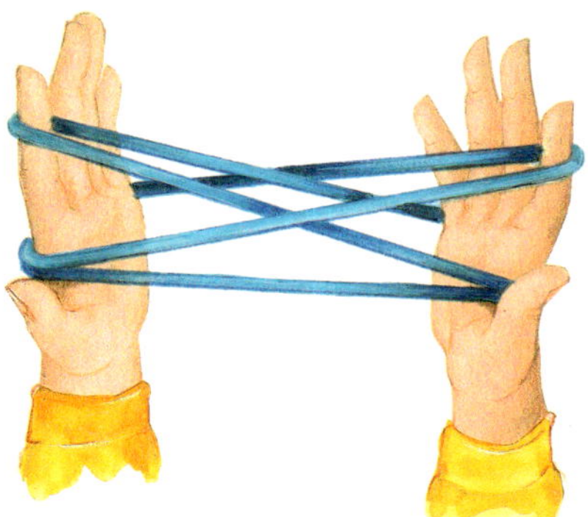

Ihr rechter Zeigefinger fährt nun unter den Faden, der vor der linken Handfläche liegt. Anschließend macht sie das Ganze noch einmal umgekehrt: Noras linker Zeigefinger fährt unter den Faden, der vor der rechten Handfläche liegt. Nun zieht sie die Figur schön auseinander.

Die Grundfigur ist fertig.
Nun kann Kenan beginnen.
Er greift mit Daumen und Zeigefinger beider Hände von außen in die oben liegenden Kreuze hinein und presst dabei die Fingerkuppen aufeinander, sodass die Fäden gut gehalten werden.

Nun zieht er beide Hände nach außen über die beiden unteren Fäden hinweg. In der Mitte des Fadenvierecks tauchen seine Hände wieder nach oben. Nora nimmt nun ihre Finger weg und alle Fäden liegen auf Kenans Händen. Dieser spreizt seine Zeigefinger und die Daumen und zieht die Hände auseinander. Fertig ist die „Matratze“.

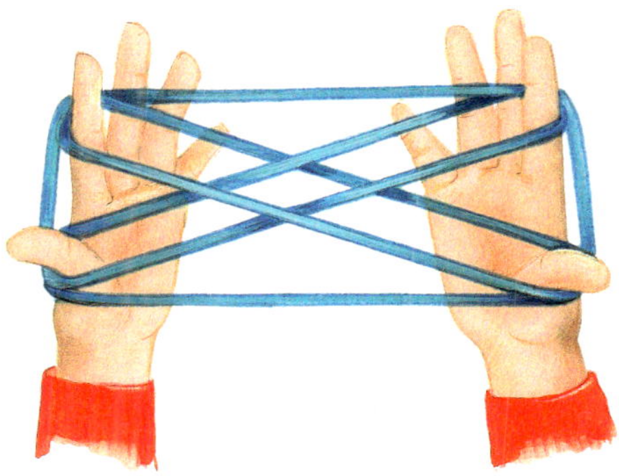

1 Probiert das Fadenspiel aus.

Auf dem Weg zum Leseprofi

Schlüsselwörter nutzen

Um Fragen zu beantworten, sind manche Wörter im Text besonders wichtig. Mit diesen Schlüsselwörtern kannst du nachweisen, dass deine Antwort richtig ist.

So schaffst du das

- Lies die Fragen und den Text.
- Suche zu jeder Frage die Schlüsselwörter heraus und schreibe sie auf.
- Prüfe mit einem Partner, ob du mit den Schlüsselwörtern die Frage vollständig beantworten kannst.

1. Was geschah an den Markttagen?
2. Was erfährst du über die Handwerker in der Stadt?

Die Stadt im Mittelalter

Dort, wo zwei wichtige Handelswege zusammentrafen, entwickelten sich im Mittelalter häufig Städte. Hier lebten Bettler, Dienstpersonal, Handwerker, reiche Bürger und Kaufleute zusammen. In der Stadt bestimmte der Stadtherr zusammen mit dem Stadtrat.

Die gesamte Stadt war von einer Mauer umgeben, die zum Schutz der Menschen diente. Hinein- oder hinausgelangen konnte man nur durch bewachte Tore.

Bekam eine Stadt die Stadtrechte mit einer Urkunde verliehen, so erhielt sie gleichzeitig das Marktrecht. Die Markttage waren aber nicht nur reine Kauf- und Verkaufstage, sondern sie wurden auch als Treffpunkte und Gerichtstage genutzt. Die Menschen trafen Bekannte und tauschten Nachrichten aus und die verurteilten Verbrecher bekamen ihre Strafen.

Auf den Märkten konnte man die verschiedensten Dinge kaufen, zum Beispiel Stoffe, Bänder, Garne, Schnallen und Gewürze wie Safran, Kümmel, Zimt, Rosmarin oder Lavendel. Außerdem gab es Felle, Leder, Fässer für die Vorratshaltung und lebende Tiere. An Markttagen kamen auch Schreiber, die für die Menschen, die weder schreiben noch lesen konnten, Briefe, Listen oder Verträge schrieben.

In den Städten wohnten viele Kaufleute und Handwerker. Bei den Handwerkern gab es zum Beispiel Schmiede, Bäcker, Fleischer und Schuhmacher. Da die meisten Menschen damals nicht lesen konnten, brachten sie Schilder mit Abbildungen ihres Berufes an ihren Häusern an. Im Handwerkerhaus wohnten die Familie des Meisters, die Gesellen und Lehrlinge zusammen. Außerdem war hier die Werkstatt untergebracht.

Da so viele Menschen zusammenwohnten, entstanden eine Menge Abfälle und viel Abwasser aus Küchen und Nachttöpfen. Dieses schütteten die Menschen einfach in den Rinnstein der Straße. Deshalb gab es viele Ratten und Krankheiten breiteten sich schnell aus.

Reisen und Verkehr

1 Wie könnte dieses Reise-Mobil heißen?

2 Erfinde dein eigenes Reise-Mobil.

→ S. 194: Ideen in einem Cluster sammeln

Reisespiele gegen Langeweile

Autokennzeichen raten

Wenn ihr mit dem Auto unterwegs seid, versucht doch die Städte zu erraten, die sich hinter den Autokennzeichen verbergen. Vorsicht: Ihr müsst darauf achten, aus welchem Land das Kennzeichen ist. In einem Reiseatlas stehen oft die Kennzeichen mit den Städtenamen. Autokennzeichen lassen sich auch sehr gut verwenden, um mit den Buchstaben Sätze zu bilden. M-LD-2743 ist zum Beispiel „mein lustiger Dackel“ oder „Mama liebt Datteln“ oder …?

Wörterschlange

Einigt euch auf ein Thema, zum Beispiel Tiere. Ein Kind beginnt mit einem Tiernamen, beispielsweise Elefant. Der Tiername des nächsten Kindes muss mit dem letzten Buchstaben beginnen: Elefan**t** – **T**iger. Dann machen die nächsten Spieler weiter: Tige**r** – **R**e**h** – **H**und – …

Wer bin ich?

Ein Kind überlegt sich eine Person oder eine Figur, die alle anderen Mitspieler auch kennen. Die Mitspieler müssen die Figur erraten. Dafür dürfen sie nur Fragen stellen, die sich mit Ja oder Nein beantworten lassen. Solange die Antwort Ja ist, darf das Kind weiterraten. Nach einem Nein ist das nächste Kind an der Reihe. Erstes Kind: „Ist es ein Tier?“ – „Ja.“ – „Ist es eine Maus?“ – „Nein.“ Nächstes Kind: „Ist es ein Hund?“ – „Ja.“ – „Hat er braune Flecken?“ – „Ja.“ – „Ist es Fips?“ – „Ja.“

1 Welche Reisespiele kennst du?
Stelle sie der Klasse vor.

→ S. 197: Texte und Bilder präsentieren

Fremde Worte

Jeden Morgen, wenn Jule zum Strand kam, war das andere Mädchen schon da. Mit seiner ganzen Familie. Immer an derselben Stelle, gleich neben dem Strandcafé.

Jule schlenderte zum Wasser und watete hinein. Das fremde Mädchen ging ihr nach. Sie rannten zusammen den Wellen entgegen und kicherten, wenn ihnen das Wasser an den Bauch klatschte.

Als sie genug davon hatten, setzten sie sich nebeneinander in den Sand und ließen das Meer an ihren sandigen Zehen lecken.

Dann bauten sie eine Sandburg. Jule buddelte und Rosetta holte Wasser. Jule kannte den Namen ihrer neuen Freundin, weil die Großmutter immer „Roseeeettaaa!“ rief.

Wenn sie die Sandburg mit Muscheln verzierten, legte Jule Herzen und Rosetta kleine Blüten. Zum Schluss, wenn nicht eine Muschel mehr auf die Burg passte, grinsten sie sich an und sprangen mitten in ihr Kunstwerk.

Am siebten Ferientag war Rosetta noch nicht da, als Jule an den Strand kam. Jule suchte den ganzen Strand nach Rosetta ab. Zwei trostlose langweilige Stunden später kam sie. Jule lief gleich ins Meer, aber Rosetta blieb am Strand stehen. Sie hielt Jule etwas hin, ein kleines Muschelarmband, durch das kaum Jules Hand passte. Dann drückte sie Jule einen kleinen gefalteten Zettel in die Hand.

„Was hast du da für einen Zettel?“, fragte Mama, als sie abends auf dem Hotelbalkon saßen.

„Rosettas Adresse“, sagte Jule und strich den Zettel glatt. „Ich hab ihr meine auch aufgeschrieben. Rosetta ist nämlich weg.“

„Rosetta? War das das italienische Mädchen am Strand?“, fragte Papa. „Wie willst du der denn schreiben? Und woher weißt du, dass sie weg ist?“

Jule zuckte die Achseln. „Hat sie mir gesagt.“

Ihre Eltern guckten sich an.

„Ach ja, wie habt ihr euch denn unterhalten?“, fragte Papa spöttisch. „Auf Englisch?“

„Blödsinn.“ Jule sah ihn ärgerlich an. „Rosetta hat italienisch geredet und ich deutsch. Italienisch kitzelt im Bauch, wenn man zuhört. Habt ihr das schon mal gemerkt?“ Hatten sie nicht.

Als Jule nach Hause kam, steckte schon eine Postkarte von Rosetta im Briefkasten. Vorne drauf war Venedig und auf die Rückseite hatte Rosetta ein Herz aus Muscheln gezeichnet. Das hatte sie ziemlich gut hingekriegt, fand Jule. Sie schickte Rosetta die allerallerschönste Karte, die sie von Hamburg finden konnte. Auf die Rückseite schrieb sie: „Tanti saluti von Jule“, das hatte sie in Papas Reisewörterbuch nachgeguckt. Darunter zeichnete sie ihr Meerschwein, aber das kriegte sie nicht halb so gut hin wie Rosetta die Muscheln.
Also guckte sie noch einmal ins Wörterbuch und schrieb „porcellino“ drunter – vorsichtshalber.

Cornelia Funke

1

- Warum weiß Jule den Namen ihrer neuen Freundin?
- Wie verabschiedet sich Rosetta von Jule?
- Die Mädchen sprechen nicht dieselbe Sprache und verstehen sich trotzdem. Wie haben sie das geschafft? Was meinst du?

Ich kenn ein Land, das du nicht kennst …

… da fressen Pferde Fisch,
und dieses Land heißt … ISLAND.

In Island hat jeder dritte Einwohner ein Pferd. Sie werden meist im Freien gehalten, sind sehr robust und auf der ganzen Welt berühmt als „Islandpferde". Im Herbst werden sie nicht nur mit Getreide, sondern auch mit Fischen gefüttert. Durch das Fischfett bekommen die Tiere ein besonders dichtes Winterfell.

… da sitzen Eisbären manchmal im Gefängnis,
und dieses Land heißt … KANADA.

In der Umgebung der Stadt Churchill (sprich: Tschörtschill) gibt es doppelt so viele Eisbären wie Menschen! Im Winter fangen die weißen Riesen auf der zugefrorenen Hudson Bay (sprich: Hadsn Bäi) Robben, die zum Luftholen aus den Eislöchern auftauchen. Im Herbst versammeln sich die Eisbären schon hungrig an der Küste und warten auf den ersten Frost. Was tun die Tiere vor lauter Bärenhunger? Sie streunen durch die Gärten, stehlen Hundefutter und plündern sogar Speisekammern. In diesem Fall sollte man schnell die Eisbären-Polizei rufen, die das Tier betäubt und per Hubschrauber ins Eisbärengefängnis von Churchill bringt. Der Plünderer wird erst wieder entlassen, wenn die Hudson Bay zugefroren ist.

Martina Badstuber

1 Was würde euch in diesen Ländern noch interessieren?

Das Kamel und das Dromedar

Das Dromedar hat zwei Höcker und das Kamel hat einen oder umgekehrt. Auf alle Fälle hat eines von beiden einen und das andere zwei und keines von beiden hat keinen oder gar drei, vier oder noch mehr Höcker.

Ein Kamel und ein Dromedar
begegneten einander in der Wüste.
Das Zweihöckerige der beiden sagte
zum Einhöckerigen:
Ei, warum hast du bloß einen Höcker?
Das Einhöckerige antwortete:
Das ist, damit man uns leicht unterscheiden kann.
Man braucht bloß die Höcker zu zählen und weiß:
Ich bin ein Kamel und du bist ein Dromedar
oder umgekehrt.

Jürg Schubiger, Rotraud Susanne Berner

1 Seht euch das Bild an. Wer ist hier das Dromedar und wer ist das Kamel?

2 Suche in Sachbüchern oder im Internet weitere Informationen zu den beiden Tieren.

Leben auf dem See

Bei jedem ihrer Schritte sinken Marias Füße ein bisschen in den Boden ein. Auf den Uros-Inseln im Titicacasee, dem größten See in Südamerika, läuft man wirklich so weich wie auf einem Waldboden. Denn jede der rund 40 Inseln im Nordwesten Perus besteht aus einer dicken Matte aus Schilf!

Marias Vorfahren haben solche schwimmenden Teppiche schon vor 500 Jahren geflochten, um sich vor Feinden zu schützen. Ständig werden die Matten ausgebessert und erneuert.

Maria lebt hier seit ihrer Geburt. Die Zwölfjährige verlässt ihre Insel nur, um zur Schule zu gehen. Jeden Morgen setzt sie mit fünf anderen Kindern in einem kleinen Schilfboot zum Ufer über.

Nach dem Unterricht kehrt sie zur Insel zurück und hilft ihrer Mutter bei der Arbeit. Marias Eltern leben von den Touristen, die ihre Insel besuchen. Sie verkaufen ihnen „Artesanias" – zu Deutsch: Kunsthandwerk.

Nachmittag für Nachmittag verzieren Maria und ihre Mutter Decken und Wandteppiche. Die Motive*, die sie sticken, zeigen das traditionelle* Leben ihres Volkes.

Einen Hauch von Fortschritt genießt das Mädchen am Abend mit ihrem Bruder. Dann läuft in der Ecke der Schilfhütte ein winziger Fernsehapparat, der mit Batterien betrieben wird. Einen Anschluss an das Stromnetz gibt es auf ihrer Insel nämlich nicht.

Fips erklärt

Motiv:
Vorlage für Muster oder Bilder

traditionell:
üblich, gebräuchlich, überliefert

1

- Woraus bestehen die 40 Inseln im Titicacasee?
- Wie kommt Maria zur Schule?
- Welche Unterschiede gibt es zwischen Marias Leben und deinem?

Schmökertext

Im Watt

Eigentlich möchten Jojo und Melly in den Ferien so gern nach Napoli in Italien fahren. Doch ihre Mutter will auf keinen Fall dorthin und deshalb reist die Familie an die Nordsee, wo eine Katastrophe die andere ablöst …

„Ich rieche das Meer“, sagte Papa.

Jawohl, riechen konnte man das Meer, aber sehen leider nicht. Denn als wir endlich angekommen waren, lag vor uns nur graubrauner Schlamm, in dem ein paar Wasserpfützen glitzerten.

„Ebbe“, stellte ich fest.

Papa schlug sich an die Stirn.

„Das hätten wir uns ja denken können!“

„Wir müssen uns einen Gezeitenkalender* besorgen“, sagte Mama.

„Und was machen wir bis dahin?“, fragte ich.

„Ihr könnt ja ein wenig im Watt* herumplanschen“, schlug Mama vor.

Wir liefen zur Badestelle. Dass es eine war, konnte man nur daran sehen, dass eine rostige Dusche im Gras stand. Neben der Dusche führte ein kleines Treppchen runter auf den glitschigen Schlamm. Melly und ich stiegen vorsichtig die Treppe runter und auf den Modder. Er sah ekliger aus, als er war. Warm und weich fühlte er sich unter den Füßen an, aber nur so lange, bis ich auf eine zerbrochene Muschelschale trat.

Melly sammelte Herzmuscheln in ihrem Eimer. Ich stocherte mit dem Stiel meines Käschers in den geringelten Häufchen rum, die überall lagen. Wer die wohl gemacht hatte?

Wir liefen immer weiter, bis zu einer Art Fluss mitten im Watt.

„Guck mal, Krebse!“, rief ich.

„Und kleine Fische“, rief Melly.

Fips erklärt

Gezeiten-Kalender: Übersicht, wann Ebbe und wann Flut ist

Watt: schlammiger Nordsee-Boden bei Ebbe

Wir stiegen ins knöcheltiefe, warme Wasser.

„Pass auf, Melly! Jeder darf einmal den Käscher durchs Wasser ziehen. Dann gucken wir, was drin ist. Ein Krebs gibt fünf Punkte, ein Fisch drei und eine Krabbe einen Punkt.“

Melly wollte natürlich Erste sein und erwischte drei Krabben, einen Krebs und eine winzige Flunder, die fast durchsichtig war.

„Elf Punkte, nicht schlecht!“, sagte ich.

Melly leerte schnell ihren Eimer aus, füllte ihn mit Wasser und nach kurzer Zeit schwammen jede Menge Krabben, Krebse und Miniflundern darin.

„Der gilt nicht, der ist schon tot!“, rief ich, als Melly mir einen großen Taschenkrebs entgegenhielt. Sie hatte schon zehn Punkte mehr als ich.

„Du hast nicht gesagt, dass sie lebendig sein müssen!“, gab Melly zurück.

„Das muss man nicht sagen, das ist doch klar!“

Wir waren mitten im schönsten Streit, als Melly plötzlich an sich heruntersah.

„Ihh, meine Hose ist ja ganz nass!“

Das Wasser war gestiegen. Kam etwa die Flut?

„Los, ans Ufer! Schnell!“, schrie ich und zog Melly hinter mir her. Die Pfützen im Schlamm waren zu kleinen Seen geworden. Aber da sahen wir schon Papa und Mama unter dem Sonnensegel im Gras sitzen.

„Gleich sind wir da“, beruhigte ich Melly. Von wegen. Vor uns war plötzlich das Meer. Aber wieso vor und nicht hinter uns?

Und es bewegte sich, strömte von rechts nach links, sodass man kaum stehen konnte.
„Papa!“, rief ich aus Leibeskräften. „Papa, Hilfe!“
Ich hielt Mellys Hand so fest, dass es ihr bestimmt sehr wehgetan haben muss, aber sie sagte kein Wort.
Wenn's richtig gefährlich wird, kann sie sehr tapfer sein.
Und es war gefährlich! Das sah ich an Papas Gesicht, als er durchs Wasser, das ihm bis zum Bauch reichte, auf uns zukam.
Er hob Melly auf die Schulter und packte mich am Arm und so gelangten wir irgendwie ans Ufer, wo Mama mit einem großen Handtuch und einem ängstlichen Gesicht auf uns wartete.

„In Neapel wäre uns das nicht passiert“, versuchte ich zu scherzen. Aber niemand lachte.
Das Meer kam nun von allen Seiten, eine Sandinsel nach der anderen verschwand. Etwas Blaues tanzte auf den Wellen.
„Mein Eimer!“, schluchzte Melly. „Ich hab meinen Eimer verloren!“
„Mach dir nichts draus“, tröstete ich sie. „Dafür hast du gewonnen, mit 97 Punkten!“

Sabine Ludwig, Marine Ludin

Paulines Ferien

Christine Nöstlinger, Jutta Bauer

1 Was hat Pauline in den Ferien erlebt? Erzähle.

Lissy löst den Fall

Lissy hat Angst, dass die Sommerferien langweilig werden. Weil ihren Eltern das kleine Hotel Seemuschel gehört, muss sie zu Hause bleiben. Und wie immer werden nur blasse Urlauber zur Erholung kommen. Dabei möchte Lissy Verbrecher fangen und knifflige Fälle lösen. Sie würde gerne den Bankräuber finden, der gerade überall gesucht wird.

Lissy lag auf einer Decke mitten auf dem Rasen und las die Zeitung. Auch eine angehende Kriminalkommissarin braucht schließlich eine Pause. Doch nun musste sie die Zeitung wieder an der Rezeption in der Hotelhalle abgeben.
An der Rezeption stand Frau Schnee-Weißkluth, eine ältere Dame, die Jahr für Jahr zur selben Zeit in das Hotel Seemuschel kam und Jahr für Jahr im selben Zimmer wohnte. Sie hatte gerade ihren Koffer abgesetzt und verlangte nun nach dem Schlüssel für Zimmer 12.
Frau Dick, eine dünne Person, die an der Rezeption arbeitete, blätterte in den Buchungsunterlagen.
„Es tut mir leid, Frau Schnee-Weißkluth", sagte sie und machte ein ziemlich verblüfftes Gesicht, „aber Ihr Zimmer ist schon vergeben."
„Unmöglich", entgegnete die Dame. „Dieses Zimmer buche ich seit siebenundzwanzig Jahren!"
„Das Zimmer ist seit gestern bewohnt." Die dünne Frau Dick hielt der Dame das Hotelbuch unter die Nase.

„Die Sache ist wirklich ziemlich merkwürdig", fand Lissy.
„Wer wohnt denn in dem Zimmer?"
Frau Dick studierte die Unterlagen. „Ein gewisser Herr Brummer.
Ah, da kommt er ja gerade."
„Kann ich meinen Zimmerschlüssel bekommen?", fragte Herr Brummer.

Sein Gesicht bestand zur einen Hälfte aus einer riesigen Sonnenbrille, zur anderen aus einem öligen Grinsen.

„Selbstverständlich, Herr Brummer“, entgegnete Frau Dick.

„Aber ich stelle gerade fest, dass ich unter Umständen einen Fehler gemacht habe.“

Frau Dick zog einen Ordner aus dem Regal und blätterte darin.

„Hatten Sie das Zimmer eigentlich schon vorher gebucht?“

„Selbstverständlich!“, antwortete Herr Brummer. Sein Grinsen war wie weggezaubert.

„Ich habe am 31. Juni hier angerufen und das Zimmer reserviert. Ihr Pech, wenn Sie sich das nicht aufschreiben.“

„Unsinn, ich habe das Zimmer schon im März gebucht, das tu ich jedes Jahr“, bemerkte Frau Schnee-Weißkluth.

Herr Brummer warf Frau Schnee-Weißkluth einen finsteren Blick zu.

„Dann geben Sie mir einfach ein anderes Zimmer“, forderte er Frau Dick auf.

„Das würde ich ja gern, Herr Brummer, aber wir sind restlos ausgebucht“, entgegnete Frau Dick.

„Na gut, ich reise ab und suche mir woanders ein Zimmer“, schnaubte Herr Brummer.

Zum Beispiel in einem Gefängnis, dachte Lissy und klappte ihren Block zu, auf dem sie heimlich alles mitgeschrieben hatte.

Maren von Klitzing

1 Warum soll Herr Brummer ins Gefängnis?

2 Wie hat sich Herr Brummer verraten? Begründe und schreibe die Textstelle auf.

Sicherheit geht vor

1 Was bedeutet dieses Zeichen? GS geprüfte Sicherheit

GUTER SITZ

GANZ SCHICK

GEPRÜFTE SICHERHEIT

2 Es ist wichtig, dass dein Fahrradhelm gut sitzt. Welche Teile des Helms sind dafür notwendig?

Die Luftpumpe Luftikus

Ich bin die Luftpumpe Luftikus
und ich weiß ganz genau,
wo die Luft rein muss, wo die Luft rein muss,
denn ich bin furchtbar schlau.

Ich mach die Luft, ft, ft, ft, ft.
Ich mach die Luft, ft, ft, ft, ft.
Ich mach die Luft, ft, ft, ft, ft.

Fehlt an deinem Fahrrad ein bisschen Luft,
dann brauchst du mich, den Luftikus,
denn ohne mich, da bleibt dein Rad total platt.

Ich mach die Luft …

Ich pumpe hier, ich pumpe da
und hier und da und hier und da,
dicke Schläuche, dünne Schläuche,
dicke Schläuche, dünne Schläuche,
ganz egal, ganz egal.

Ich mach die Luft …

Denn mein Name, der ist Luftikus
und ich weiß ganz genau,
wo die Luft rein muss, wo die Luft rein muss,
denn ich bin furchtbar schlau.

Lotti Löttgen

1 Sprecht den Text rhythmisch.

2 Überlegt euch Bewegungen zu dem Text.

→ S. 200: Einen Text mit Musik und Bewegung umsetzen

Den Informationsgehalt von Texten überprüfen

Zum gleichen Thema gibt es unterschiedliche Texte.
Sie erzählen oder informieren. Du musst prüfen,
welcher Text geeignet ist, deine Fragen zu beantworten.

So schaffst du das

- Lies zuerst beide Texte und dann die Fragen.
- Überprüfe bei jeder Frage, welcher Text die passende Antwort gibt.
- Begründe deine Entscheidung.

Urlaub auf den Ostfriesischen Inseln

David und Svenja erzählen von ihren Ferien auf der ostfriesischen Insel Langeoog.
Dort war es echt klasse! Wir hatten mit unseren Fahrrädern die ganze Straße für uns, weil auf der Insel keine Autos fahren dürfen. Am Strand gab es Dünen, Sand und Strandkörbe, so weit wir sehen konnten. Wir haben fast jeden Tag eine neue Sandburg gebaut und sind im Meer geschwommen. Nur nicht, wenn das Wetter schlecht war, dann sind wir in ein Spielhaus gegangen. Dort gab es Rutschen, Schaukeln, Sand- und Spielkisten. Im Spielhaus konnten wir auch kochen, backen und malen. Manchmal sind wir auf eine Düne geklettert und haben unsere Drachen steigen lassen.
Wir sind bei Ebbe auf dem Meeresboden spazieren gegangen. Es fühlte sich komisch an, ganz weich und voller Schlamm. Das war lustig! Unsere Mama hat gesagt, das ist das Wattenmeer. Es ist einzigartig und deshalb Weltnaturerbe geworden.

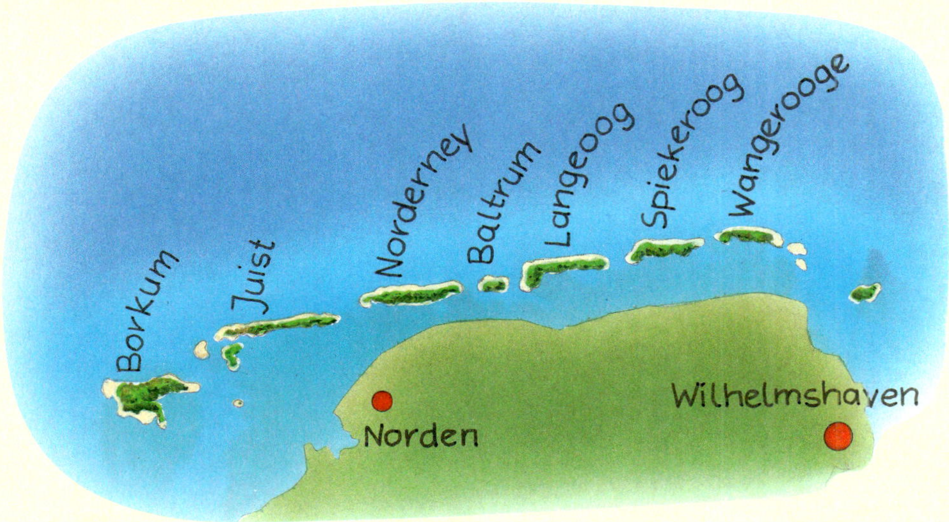

Die Ostfriesischen Inseln

Bewohnt werden die Inseln Wangerooge, Spiekeroog, Langeoog, Baltrum, Norderney, Juist und Borkum.
Dieser Merkspruch gibt die Reihenfolge der Ostfriesischen Inseln von Osten nach Westen wieder:
Welcher **S**eemann **l**iegt **b**ei **N**orderney **i**m **B**oot?
Das J für Juist wurde zur Vereinfachung durch ein I ersetzt.
Insgesamt erstrecken sich die Inseln über eine Länge von 90 Kilometern vor der niedersächsischen Küste. Alle sieben Inseln verfügen zur Nordseite über Sandstrand, im Inneren über Dünenlandschaft und Richtung Süden über einen Übergang von Marschland zum Wattenmeer. Zu den Ostfriesischen Inseln gehören auch die unbewohnten Inseln Memmert, Mellum, Minsener Oog und Lütje Hörn. Die Ostfriesischen Inseln sind gänzlich vom einzigartigen Lebensraum Wattenmeer umgeben und sind Teil des Schutzgebietes Nationalpark Wattenmeer.

1. Wie heißen die bewohnbaren Ostfriesischen Inseln?
2. Was kann man auf den Ostfriesischen Inseln machen?
3. Was umgibt die Ostfriesischen Inseln?

Die Welt der Medien

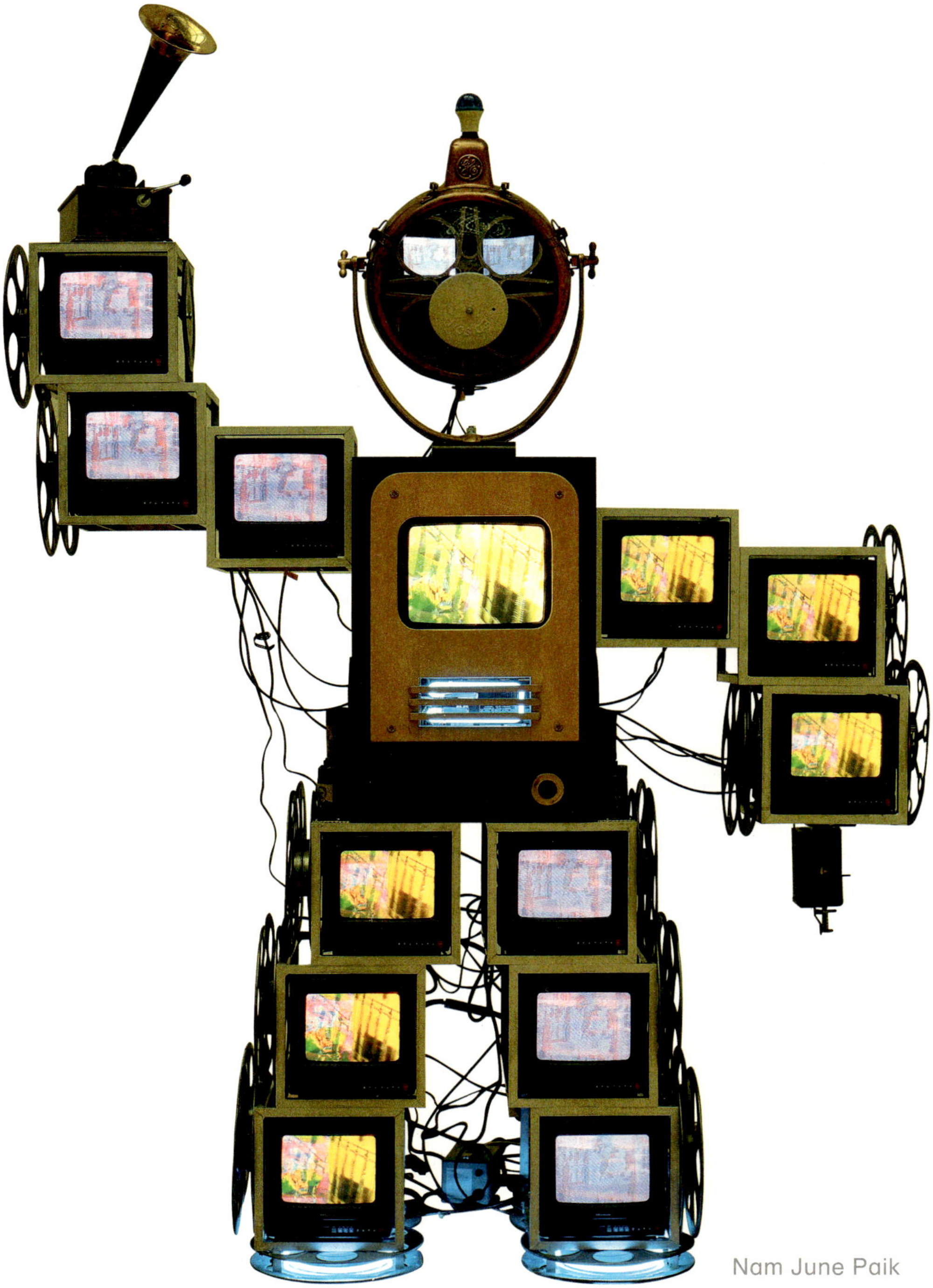

Nam June Paik

1 Suche für diese Figur einen passenden Namen.

2 Sammle Prospekte und gestalte eine Collage.

S. 197: Texte und Bilder präsentieren

Computer-Lexikon

Virus

… heißt nicht, dass du davon krank werden kannst. Ein Computervirus ist ein unerwünschtes und schädliches Programm, das sich im Computer ausbreitet und vieles durcheinanderbringen kann. Oft hängen diese Viren an Dateien, die zum Beispiel aus dem Internet kommen können.

Firewall

… heißt übersetzt Feuermauer. Aber hier brennt nichts. Die Firewall verhindert, dass bösartige Viren in den Computer eindringen können und ihm damit Schaden zufügen.

Notebook

… heißt übersetzt Notizbuch. Es ist aber ein zusammenklappbarer Computer, den man mit sich herumtragen kann. Ein anderer Ausdruck für Notebook ist Laptop. „Lap“ ist englisch und heißt Schoß. Einen Laptop kann man also auf den Schoß stellen.

online und offline

… haben nichts mit einer Leine zu tun. Ist ein Computer mit dem Internet verbunden, so spricht man von online, ist er nicht verbunden, so ist man offline.

1 Erklärt diese Begriffe: download, software und homepage.
www.internet-abc.de
www.br-online.de/kinder/fragen-verstehen/computer

2 Legt ein eigenes Computerlexikon an.

Die Computer-Detektive

Oma und Lars sitzen im Café bei einem Riesen-Eisbecher. „Alles klar?“, hört Lars eine leise Männerstimme hinter ihrem Tisch. Ein zweiter Mann antwortet: „Ich stell alles noch heute rein. Das gibt ein schönes Sümmchen.“

Die erste Stimme sagt: „Das letzte Rad hat Kalli von der Poppelsdorfer Allee, das bringt er noch mit, dann …“

Dann kann Lars nicht mehr hören, was die Männer sagen.

„Kannst du nachher wirklich alleine mit der U-Bahn zu Tim fahren?“, fragt Oma. „Tim, Mia und Paula holen mich an der Station ab“, beruhigt Lars sie.

Als Lars aus der U-Bahn steigt, stehen da Tim, Mia und Paula. Paula weint. „Mein neues Mountainbike wurde geklaut! Ich hab’s extra an den Laternenpfahl auf der Poppelsdorfer Allee angeschlossen“, schnieft Paula.

Rad und Poppelsdorfer Allee? Lars überlegt. Wo hat er das schon gehört? Die Männerstimmen im Café fallen ihm ein.

„Gibt es nur in Bonn eine Poppelsdorfer Allee?“, fragt er.

„Kommt, wir schauen im Internet“, ruft Mia und springt auf. Sie tippt am Computer Poppelsdorfer Allee ein.

„Gibt’s nur in Bonn“, erklärt sie, als die Ergebnisliste erscheint.

„Dann hab ich die Fahrraddiebe gehört!“, ruft Lars aufgeregt und erzählt, was er belauscht hat.

„Klar, die wollen geklaute Fahrräder verkaufen!“, sagt Tim.

„Rufen wir jetzt die Polizei?“, fragt Paula.

„Moment noch.“ Mia tippt wie wild auf der Tastatur herum.

„Was hat der eine gesagt? ‚Ich stell alles noch heute rein?‘“, fragt sie. Lars nickt.

„Zum Verkaufen stellt man die Sachen ins Internet!“

Sie zeigt auf den Bildschirm. Natürlich! Mia sucht nach Mountainbikes. Paulas ist nicht dabei. „Heute ist noch lang“, sagt Lars.

Also versuchen sie es später noch einmal. Da! Da ist tatsächlich ein Foto von einem wunderschönen Mountainbike, das genauso aussieht wie das von Paula. „Das könnte es sein!“, ruft Tim.

„Ein Kölner Händler“, sagt Mia. „Er heißt XannX und hat noch mehr Fahrräder im Angebot!“

„Das nützt uns doch gar nichts – das ist doch nur ein Spitzname“, sagt Lars. „Aber die Polizei kann das sicher rausfinden!“, sagt Mia.

Sie ruft die Homepage des Polizeipräsidiums auf und sucht die Telefonnummer heraus, geht damit zu ihrer Mutter und erzählt die ganze Geschichte. Danach wählt die Mutter gleich die Nummer des Polizeipräsidiums.

Eine halbe Stunde später klingelt ein Polizeibeamter. Lars, Tim, Mia und Paula berichten von ihrer Detektivarbeit im Internet. Der Polizist staunt und bedankt sich für die Informationen.

Zwei Tage später ist Paulas Mountainbike wieder da. Die Polizei hat die Diebe verhaftet und über fünfzig Fahrräder sichergestellt.

Überglücklich fährt Paula die Poppelsdorfer Allee entlang.

Dann darf Lars mit Paulas neuem Mountainbike fahren, denn ohne ihn hätte sie es wahrscheinlich nie wieder gesehen.

Gitta Edelmann

1

- Wem wurde das Mountainbike gestohlen?
- In welcher Stadt wohnen die Kinder?
- Was haben die Kinder mit dem Computer herausgefunden?

Saskia Hula erzählt: vom Anfangen und vom Weitermachen

Am Anfang weiß ich von meinen Geschichten oft nur, wie sie heißen sollen. „Hermann hört Stimmen“ zum Beispiel. Der Titel war auf einmal da. Einfach so, direkt vom Himmel in meinen Kopf geplumpst. Hurra, dachte ich. Den schnappe ich mir! Aber kaum hatte ich ihn mir geschnappt, wurde es auch schon schwierig. Denn: Wer war Hermann überhaupt? Ein kleiner Junge? Ein alter Mann? Ein Kobold? Oder ein Hund? Und welche Stimmen hörte er? Gespensterstimmen? Lehrerstimmen? Stimmen von sprechenden Tieren? Das herauszukriegen, war schon ziemlich knifflig. Schließlich konnte ich ja keinen fragen!

Manchmal weiß ich am Anfang auch nur, von wem das neue Buch handeln soll. Von einem Jungen, der nicht lesen mag. (Den habe ich zu Hause!) Von einer Oma, die immer vergesslicher wird. (Die hat meine beste Freundin zu Hause!) Oder von einem Feuerwehrmann, der von seinem Schutzengel einen bösen Brief bekommt, weil er so ein abenteuerliches Leben führt. (Den hat keiner zu Hause. Den habe ich einfach erfunden, weil er mir so gut gefallen hat.)

Ich fange also an zu schreiben. Ich schreibe und schreibe und schreibe – bis etwa die halbe Geschichte fertig ist.

Und dann wird es meistens schwierig: Denn der Junge hockt trübsinnig vor einer riesigen Bücherkiste und mag immer noch nicht lesen. Die Oma wird täglich vergesslicher und hat sich außerdem noch mit der ganzen Familie zerstritten. Und der Schutzengel sitzt auf einer Insel im Pazifik und weigert sich stur, zurückzukommen!

Was soll ich mit ihnen nur machen? Ich habe keine Ahnung, wie es weitergehen soll. Ich stecke fest und komme nicht weiter. Es ist zum Verzweifeln!

Weil aber Verzweifeln auch nichts nützt, lege ich die Geschichte weg und mache etwas anderes. Ich bringe den Kindern in meiner Klasse das 1 × 1 bei. Ich gieße die Blumen und bürste den Hund. Ich lese ein Buch, besuche meine Freunde und putze die Fenster.

Nach zwei Wochen schaue ich wieder mal in die Geschichte hinein, ganz vorsichtig, und siehe da: Auf einmal sehe ich, dass in der Bücherkiste gar keine Bücher sind! Die Oma ist zwar noch immer vergesslich, aber sie schaut schon nicht mehr ganz so stur aus. Und dem Schutzengel ist auf seiner Insel mittlerweile ein bisschen langweilig geworden. Jetzt sehnt er sich nach ein paar schönen Abenteuern …

Hurra, denke ich dann, jetzt kann es weitergehen! Und ich schreibe und schreibe und schreibe … bis zum Schluss.

1 Lest noch mehr über Saskia Hula und ihre Bücher.
www.saskia-hula.at

S. 194: Ideen in einem Cluster sammeln

Basti bleibt am Ball

Ich heiße Lorenz und bin acht Jahre alt. Meine Familie sagt Lori zu mir und meine Mama Loribär. Es ist nicht einfach, ein normaler Drittklässler zu sein, wenn man Loribär genannt wird. Dabei wäre ich so gern ein Basketballer. So wie mein großer Bruder Basti. Basti ist total cool – eben ein richtiger Basketballer.

Ich finde Basketballer toll. Am liebsten wäre ich selbst einer. Aber Basti sagt, so einfach ist das nicht. Es reicht nicht, einfach einen Basketball zu haben. Man muss groß sein, denn sonst kommt man nicht zum Korb hinauf. Man muss andere Basketballer kennen. Man muss die richtigen Schuhe haben. Unsere Mama findet Basketball nicht so großartig. Und dass Basti seinen Ball auf den Boden schmeißt, findet sie sogar ziemlich schrecklich. „Ich halte dieses ewige Wummwumm nicht aus!“, stöhnt sie immer. Mindestens zwanzigmal am Tag schreit sie: „Im Haus wird nicht Ball gespielt, das habe ich dir schon hundertmal gesagt!“

Leider sind meine Eltern ein bisschen altmodisch. Anders kann man es nämlich nicht erklären, dass wir weder eine Satellitenschüssel haben noch Kabelfernsehen. Wir haben genau zwei Fernsehprogramme und das ist ziemlich peinlich. Wir können nicht einmal die amerikanischen Basketballspiele anschauen! Und dabei sind das die einzigen interessanten Basketballspiele, sagt der Basti.

Die Mama sagt, lange hält sie das nicht mehr aus. Und der Papa soll doch endlich etwas tun und nicht immer nur im Keller sitzen und seine schrecklichen Opern hören. Er hat sich im Keller ein kleines Zimmer eingerichtet, das hat schalldichte Wände. Es ist nicht sehr gemütlich. Aber man kann in dem hässlichen Kellerzimmer Musik hören, so laut man will.

Wenn die Tür zu ist, hört man draußen keinen Ton davon. Dafür hört man natürlich auch nicht, was draußen passiert.
Ich glaube, das ist auch ein Grund, warum der Papa so gern in seinem ungemütlichen Kellerzimmer sitzt. Früher hat die Mama das gut gefunden. Jetzt ärgert sie sich darüber. Weil er ihr nämlich nicht hilft, den Basti und seinen Basketball aus dem Haus zu vertreiben.

Heute waren der Opa und die Oma zu Besuch. Die Mama hat das ganze Haus aufgeräumt und Kuchen gebacken.
Der Basti ist um den Esstisch herumgedribbelt. Wumm wumm wumm.
„Leg jetzt endlich diesen Ball weg“, hat Mama dem Basti zugezischt.
„Ja, gleich“, hat Basti gesagt. Ich glaube, er wollte Oma und Opa zeigen, wie gut er schon dribbeln kann. Also hat er eine besonders raffinierte Finte versucht. So nennt man das, wenn es so aussieht, als würde man den Ball gleich nach rechts werfen und dann wirft man ihn doch nach links. Irgendwie ist die Finte daneben gegangen. Deswegen ist der Ball auf dem Tisch gelandet. Dort hat er zuerst Bommbommbomm gemacht und dann Klirr, als er die Kaffeekanne umgeworfen hat. „Ich halte das keine Sekunde länger mehr aus!“, hat die Mama geschrien. „Raus mit dem Ball!“, hat der Papa gebrüllt. Die Mama hat geschrien, der Papa soll sich etwas einfallen lassen. Auf der Stelle. Der Papa hat nur ratlos geschaut.
Dann ist dem Opa etwas eingefallen und das war wirklich ein toller Einfall. „Warum schickt ihr den Basti nicht in einen Verein?“, hat er gefragt. „Dann lernt er es ordentlich und ihr habt eure Ruhe.“

Saskia Hula

1 Woran merkst du, dass sich Bastis Mutter sehr ärgert? Suche die Stellen im Text.

2 Kennst du auch solche Situationen? Erzähle.

Ein Lesetagebuch

Die Kinder der Klasse 3b sammeln Ideen für ein Lesetagebuch.

So kann das Lesetagebuch aussehen:

- ein dickes Heft
- Karteikarten
- lose Blätter im Hefter

Das kann im Lesetagebuch stehen:

- Autor
- Titel
- Verlag
- Illustrator

Was für ein Buch ist es?
Krimi, Abenteuerbuch, Tierbuch, Sachbuch, …

- Diese Personen spielen mit.
- Das passiert in dem Buch.

lustige, wichtige oder aufregende Textstellen

- meine Gedanken und Gefühle beim Lesen
- meine Meinung
- meine Buchempfehlung

- ein Steckbrief zu der Hauptfigur
- ein Bild oder eine Bildergeschichte zum Buch

1 Überlegt, wie ihr ein Lesetagebuch gestalten würdet.

Bücher vorstellen

Luise: Ich habe das spannende Buch von Cornelia Funke „Emma und der Blaue Dschinn“ gelesen. Emmas Hund Tristan findet am Strand eine blaue Flasche mit einem Korken. Als Emma den Korken herauszieht, kommt ein Dschinn, so nennt man einen Flaschengeist, heraus. Leider kann er ihr nicht drei Wünsche erfüllen, denn der böseste aller Gelben Dschinn hat ihm den Nasenring gemopst. Emma fliegt mit Tristan und dem Dschinn auf dem fliegenden Teppich nach Barakasch, um den Gelben Dschinn zu überlisten.

Paul: Das tollste Buch, das ich zuletzt gelesen habe, ist „Meine Oma lebt in Afrika“ von Annelies Schwarz. Der deutsche Junge Eric aus Bremen hat einen afrikanischen Papa. Sie fliegen mit Erics Freund Florian, genannt Flo, nach Ghana, wo es Krokodile und Schlangen gibt. Bei Erics Oma erleben sie eine aufregende Zeit.

Emine: Das Buch von Regina Rusch „Johanna, wir sind stark“ habe ich besonders gerne gelesen. Johanna hat jeden Tag Angst vor ihrem Schulweg, denn der gemeine Martin aus ihrer Klasse lauert ihr auf und ist fies zu ihr. Dann erlebt sie auch noch, dass in der U-Bahn junge Männer einem ausländischen Kind das Stofftier entreißen und zerfetzen. Sie weiß nicht weiter. Da kommt Elsie in Johannas Klasse. Die beiden Mädchen werden Freundinnen und gemeinsam schaffen sie es, dass einiges um sie herum anders wird.

1 Welches Buch hast du zuletzt gelesen? Berichte.

Das Dschungelbuch

Die Geschichte von Mogli im Dschungel haben Kinder und Erwachsene schon vor mehr als 100 Jahren gelesen.
Rudyuard Kipling hat sie im Jahr 1894 aufgeschrieben.

Aber richtig bekannt wurde Mogli erst durch den Zeichentrickfilm „Das Dschungelbuch“. Walt Disney und seine vielen hundert Zeichner stellten den Film 1967 her. Dieser Film war in Deutschland der erfolgreichste Kinofilm aller Zeiten. Keinen anderen Film haben mehr Kinder und Erwachsene gesehen.
So sieht es im Zeichentrickfilm aus, wenn Mogli von den Affen entführt wird.

Wer den Film heute noch sehen will, kann ihn als DVD kaufen.
Oder als Hörspiel mit den berühmten Songs von einer CD anhören.

1 Vergleiche das Bild aus dem Zeichentrickfilm mit dem Bild auf Seite 90.

2 Informiere dich im Internet über das Dschungelbuch.
www.milkmoon.de

Wie Kinderwerbung wirkt

Vampire sind eigentlich nur Fantasiefiguren. Doch heute gibt es den Vampirus reklamis (den gemeinen Geldsauger). Für Firmen erfindet er jeden Tag neue Tricks, damit wir ihre Produkte kaufen.

Die kurzen Werbefilme im Kinderfernsehen entführen dich in eine wunderbare Fantasiewelt. Du wirst eine kleine Prinzessin – aber nur, wenn du eine bestimmte Puppe kaufst! Dein Bruder wird zum Helden der Straße, wenn er mit einem speziellen Spielzeugauto über eine eigens dafür konstruierte Rennpiste flitzt. Eine Getränkefirma macht aus dir einen Topsportler mit ihrem Fruchtsaftgetränk. Die Werbespots sagen nicht direkt: Geh los und kauf mich! Denn natürlich wissen die Firmen, dass du nicht sofort vom Fernseher aufspringst, von deiner Mutter Geld einforderst und in den nächsten Laden läufst. Nein, die Vampire sind viel schlauer: Sie entführen dich in eine Fantasiewelt und machen dich dort zum Helden. Du musst nur ein bestimmtes Produkt besitzen oder benutzen. In Werbespots für Mädchen wird ruhig und harmonisch gespielt, sachlich dargestellt und erklärt. Hier funkelt und glitzert es. Bei Jungenspots hingegen sind einzelne Szenen oft kürzer als eine Sekunde! Wenn ein Spielzeugauto beworben wird, rast es unter ohrenbetäubendem Lärm in atemberaubender Geschwindigkeit dem Ziel entgegen. Aber wenn dein Traum sich eines Tages erfüllt, folgt oft die große Enttäuschung.

Achtung! Vampir-Alarm!

- Werbespots nutzen deine Fantasie, um dich in Traumwelten zu entführen.
- Diese Art von Werbung dringt tief in dein Bewusstsein ein, damit du das Produkt nicht vergisst.

Tim und das Geheimnis von Knolle Murphy

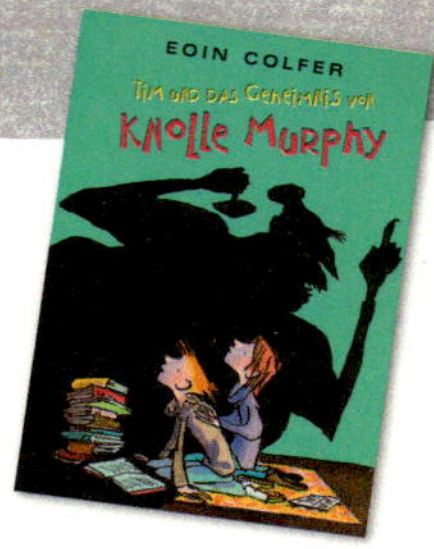

Tim und sein älterer Bruder Marty müssen in den Ferien in jeder Woche an drei Nachmittagen zwei Stunden in der Bücherei verbringen. Ihre Eltern wollen das so. In der Bücherei hat Knolle Murphy die Aufsicht. Alle Kinder fürchten sich vor ihr, weil sie sehr streng ist. Sie soll sogar ein Luftgewehr haben, mit dem sie Kartoffelknollen auf Kinder schießt, die Lärm in der Bücherei machen.

Die Kinderabteilung war eigentlich nur ein einziger Regalkasten mit vier Bücherreihen. Auf dem Boden davor lag ein kleines, abgewetztes Stück Teppich. „Und bevor ihr geht, macht ihr keinen einzigen Schritt von diesem Teppich herunter“, sagte Knolle Murphy mit warnender Stimme. „Auf was für jungenhafte Ideen ihr auch kommen mögt, vergesst sie. Bleibt auf dem Teppich, sonst gibt's Ärger.“

Bei den Besuchen in der Bücherei saß ich auf dem Teppich und tat so, als würde ich lesen. Ich saß und saß und war mir sicher, dass sich das Muster von dem abgewetzten alten Teppich allmählich auf meinem Hintern abgedrückt hatte. Wir durften nicht streiten, wir durften nicht schreien, wir durften keine lauten Körpergeräusche von uns geben. Alles, was einem Jungen Spaß macht, war uns verboten.

Oh, wie war das langweilig! Mein Kopf fühlte sich an, als würde er gleich abfallen und über den Holzfußboden rollen. Ich versuchte alles, um mir die Zeit zu vertreiben. Ich sah mir Filme im Kopf an, ich folgte dem Muster auf meinem Teppichgefängnis, ich aß Papierstreifen aus den Büchern. Aber meistens träumte ich einfach bloß von Freiheit.

Dann passierte eines Tages etwas Seltsames. Ich tat so, als würde ich ein Buch lesen mit dem Titel *Finn McCool, der Riese von Irland.* Da weckte etwas meine Aufmerksamkeit. Der erste Satz der Geschichte. „Finn McCool“, stand da, „war der größte Riese in Irland.“ Der Satz hatte was. Er klang … interessant. Ich beschloss, ein bisschen weiterzulesen. Nicht das ganze Buch, nie im Leben. Aber vielleicht noch ein paar Sätze. Finn hatte ein Problem, hieß es in dem Buch. Angus MacTavish, der größte Riese in Schottland, wollte gegen ihn kämpfen. Da konnte ich nicht mehr aufhören. Zwei Riesen, die gegeneinander kämpften! Vielleicht sollte ich nur herausfinden, wie es ausging. Also las ich die Seite zu Ende und dann las ich immer weiter. Und im nächsten Moment war ich in die Geschichte von Finn McCool und Angus MacTavish vertieft. Ich las von Abenteuern und Magie, von Schlachten und schlauen Plänen. Berge explodierten und Zauberer erschlugen Kobolde. Verzauberte Ziegen redeten und Prinzessinnen verwandelten sich in Schwäne. Es war eine andere Welt.

„Wollen wir gehen?“, sagte eine Stimme.

Ich blickte auf. Es war Mama.

„Was machst du denn hier?“, fragte ich.

Mama hielt Einkaufstüten in den Händen. „Was meinst du wohl, was ich hier mache? Wir müssen los.“

Ich drückte das Buch an meine Brust.

„Aber wir sind doch eben erst gekommen. Es ist erst …“

Ich verstummte, weil ich die Uhr an der Wand sah.

Es war fünf. Fast zwei Stunden lang hatte ich gelesen.

Ich schaute zu Marty hinüber.

Der las immer noch! Ein Buch mit einem Bild von einem Drachen auf dem Umschlag.

Was war hier eigentlich los?

„Kommt jetzt, euer Vater wartet bestimmt schon.“

Zu meinem Erstaunen merkte ich, dass ich mein Buch mitnehmen wollte.

Genau wie Marty.

„Aber Mama …“

„Ja, Marty?

„Ich bin noch nicht mit meinem Buch fertig.“

„Ich auch nicht.“

Mama stellte ihre Einkaufstüten ab und drückte uns beide fest an sich. Mitten in der Öffentlichkeit. Zum Glück trieben sich unsere Freunde nie in Büchereien herum.

„Meinst du, Kno… äh … Mrs Murphy erlaubt uns, die Bücher mitzunehmen?“

Mama hob die Taschen auf. „Natürlich. Ihr habt doch eure Ausweise, oder?“

Eoin Colfer, Tony Ross

Fips erklärt

Mrs:
auf Englisch Abkürzung für Frau

Calvin und Hobbes

Bill Watterson

Für ein Buch Werbung machen

Für ein Buch, das dir gut gefällt, kannst du Werbung machen.
Dann haben deine Mitschüler vielleicht auch Lust,
dieses Buch zu lesen.

So schaffst du das

- Wähle ein Buch aus, das du gerne gelesen hast.
- Gestalte ein Werbeplakat.
- Betrachte dein Plakat aus einiger Entfernung. Überprüfe, wie es wirkt.

lustig und spannend
NICHT DAS NEUESTE,
ABER DAS ABSOLUT
COOLSTE
BUCH VON
Saskia Hula
Mamas Liste
Das ist ELLI!
SUPERTOLL
Nicht alles, was Spaß macht, ist gefährlich!
Eine freche Geschichte vom Bravsein!
Besonders geeignet für Mädchen ab 8 Jahren!
Empfehlenswert bei anstrengenden Müttern!

Jahreszeiten und Feste

Tilman Michalski

1 Welche Feste und Jahreszeiten erkennt ihr?

Erntedank

Am ersten Sonntag im Oktober bestaunten Roman und Carolin mit ihren Großeltern den Erntedank-Festzug, der durch die kleine Stadt zog. Die Erntewagen waren prächtig geschmückt mit allen Früchten des Feldes. Am besten gefielen ihnen aber die Erntekronen aus Getreide mit den bunten Bändern. In der Kirche war der Altar mit Obst und Gemüse dekoriert.
Auf dem Heimweg erzählte Opa, dass früher das Erntedankfest für die Bauern das Ende der Erntezeit bedeutete. Dann lagerten die Vorräte für den Winter in der Scheune und im Keller. Es gab aber auch Jahre mit einer schlechten Ernte, weil das Wetter zu trocken oder zu nass war. Opa wusste auch, dass Erntedankfeste schon seit langer Zeit gefeiert werden. Und dass es diese Feste fast überall auf der Welt gibt.
„Könnt ihr euch vorstellen, wie wir uns als Kinder nach dem Winter über die ersten Erdbeeren im Mai und die ersten Kirschen im Juni gefreut haben?“, fragte Oma.
Bei ihrem nächsten Einkauf im Supermarkt sehen sich Roman und Carolin in der Obst- und Gemüseabteilung um. Alles ist wunderschön aufgeschichtet und in hochglänzender Folie verpackt! Bisher haben sie nie daran gedacht, dass auch dies alles von der Erde oder vom Baum geerntet werden muss.
Aber woher kommen die Erdbeeren, die Kirschen und die Kiwis im Oktober? Auf den Schildern können sie lesen, dass diese Früchte eine weite Reise gemacht haben. Mit Lastwagen oder Schiffen? Oder vielleicht sogar mit Flugzeugen?

1 Informiere dich über Bräuche zum Erntedankfest.

2 Woher kommt das Obst und Gemüse im Supermarkt?

Herbst

H Herbstferien
E Eicheln
R Regen
B Birnen
S Sonnenblumen
T Trauben

Grad heute Morgen
fiel leise und ganz heimlich
das erste Blatt ab.

Issa (1763–1827)

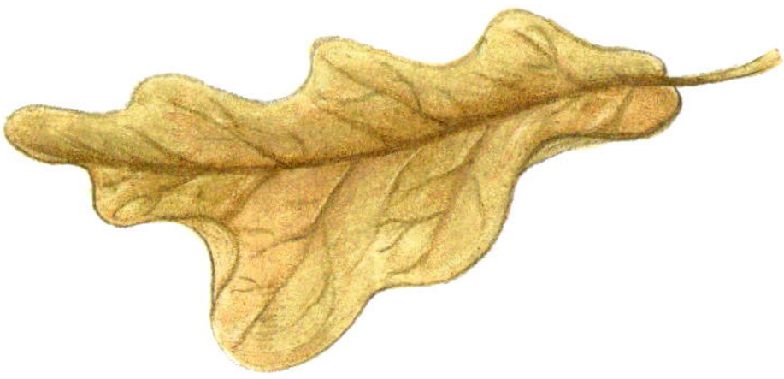

Bunt sind schon die
Wälder,
gelb die Stoppelfelder
und der Herbst beginnt.
Rote Blätter fallen,
graue Nebel wallen,
kühler weht der Wind.

Nebel
Ein Vorhang aus Luft
und Duft
gewoben
und wie der Wind
geschwind
zerstoben.

Friedrich Wilhelm Güll

→ S. 196: Ein Haiku schreiben

Sockenfledermäuse

Im Herbst suchen sich die Fledermäuse ein Winterquartier. Dort hängen sie sich zu einem langen Schlaf an den Füßen auf. Sockenfledermäuse können auch in deinem Zimmer überwintern.

Du brauchst:
eine graue oder schwarze Socke,
Füllwatte (oder Zeitungspapier),
schwarzen Pfeifenputzer, Papier,
Buntstifte, Kleber, Schere,
schwarzes Tonpapier, Schaschlikstäbchen,
Nadel und Faden oder zwei Sicherheitsnadeln.

Fülle die Socke mit Füllwatte und verschließe die Öffnung fest mit dem Pfeifenputzer.
Schneide die Flügel aus schwarzem Tonpapier aus und klebe die Schaschlikstäbchen auf.

Male und schneide Augen, Ohren und die Vampirzähne aus Papier aus und klebe alle Teile auf die Socke.

Nähe die Flügel an den Rücken der Fledermaus oder stecke sie mit zwei Sicherheitsnadeln fest.

Jetzt kannst du deine Fledermaus in einer Zimmerecke aufhängen, vielleicht sogar eine ganze Fledermausfamilie.

Sankt Nikolaus

Am 6. Dezember feiern wir Nikolaus. Wir denken dann an den heiligen Nikolaus, der vor vielen hundert Jahren lebte. Über ihn werden verschiedene Legenden* erzählt.

Einmal herrschte in Myra* eine große Hungersnot. Gerade zu dieser Zeit legte ein Schiff aus Ägypten im Hafen an, das mit Getreide beladen war. Die Neuigkeit sprach sich schnell herum und die Menschen liefen zu dem Schiff, um Korn zu kaufen. Sie waren bereit, sehr viel Geld zu bezahlen.

Fips erklärt

Legende: Geschichte über einen Heiligen
Myra, Konstantinopel: diese Städte liegen in der heutigen Türkei

Doch die Seeleute gaben nichts her, da die Getreideladung für den Kaiser bestimmt war. Da bat Bischof Nikolaus flehend: „Helft doch den hungernden Menschen in ihrer Not."

Aber der Kapitän lehnte ab: „Das Getreide ist abgewogen. Wie sollen wir den Leuten des Kaisers erklären, dass Korn fehlt? Sie werden uns bestrafen."

Nikolaus beruhigte ihn: „Macht euch keine Sorgen. Schiebt alles auf mich, wenn ihr Ärger bekommt." Er sprach so überzeugend, dass der Kapitän schließlich nachgab. Die Seeleute schleppten einige Kornsäcke vom Schiff herunter und Bischof Nikolaus ließ das Getreide gerecht verteilen. Alle Menschen in der Stadt wurden satt und waren gerettet.

Als die Seeleute dann in Konstantinopel* das Getreide für den Kaiser abluden, stellten sie verwundert fest, dass nicht ein einziges Korn fehlte.

1 In einer Legende geschieht immer etwas Wunderbares. Hast du es hier entdeckt?

2 Es gibt noch mehr Legenden vom heiligen Nikolaus. Informiere dich und erzähle. www.milkmoon.de

Im Advent

Es schneit ganz leise,
leise,
leis.

Nach und nach
wird alles weiß.

Bald gibt's keine
Wege mehr.

Die Landschaft, die bunt war,
wird weiß und wie leer.

Georg Bydlinski

Charles M. Schulz

S. 198: Ein Gedicht vortragen

Die Generalprobe

Es war nur noch ein Tag bis zur Weihnachtsfeier und wir hatten fleißig für das Krippenspiel geprobt.

„Hanna, rück deine Flügel gerade, und Timo, der Hirtenstab ist kein Eishockeyschläger!“, rief der Lehrer.

„Fürchtet euch nicht, denn ich verkünde euch eine große Sache!“, sagte Hanna, die den obersten Engel spielte.

„Ich verkünde euch eine große Freude, Hanna“, korrigierte sie der Lehrer. „Was denn für eine?“, wollte Hanna wissen, aber der Lehrer hörte es entweder nicht oder er wollte ihr nicht antworten.

„Mika, wenn du noch einmal ein Schaf trittst, streiche ich dir die Weihnachtsferien!“, rief der Lehrer.

„Geht nach Bethlehem und das soll euch als Zeichen dienen: Ihr werdet ein Kind finden, in Windeln ge… ge…?“

„Gewickelt“, half der Lehrer. „Genau“, sagte Hanna.

Dann wanderten die Hirten über die Bühne zu der Stelle, an der ein alter Puppenwagen die Krippe sein sollte.

„Herr Lehrer, der blöde Hut rutscht mir die ganze Zeit über die Augen, ich kann überhaupt nichts sehen“, beschwerte sich Mika, der mit seinem Hirtenhut auf dem Kopf ganz hinten als Letzter in der Reihe der Hirten ging.

„Du brauchst nichts zu sehen. Geh immer nur dem Umhang vor dir nach“, schlug der Lehrer vor. „Ella, dreh bitte die Krippe so, dass man das Jesuskind von hier vorne sehen kann.“

„Hab ich schon erzählt, dass es in Wirklichkeit Madonna heißt, nach der berühmten Sängerin?“, sagte ich.

„Woher willst du das denn wissen?“, fragte Mika.

„Ich weiß es, weil es meine Puppe ist, darum“, sagte ich.

„Wir sind die drei Weisen aus dem Morgenland“, verkündete jetzt Timo. „Genau“, sagte Pekka. Tiina, die den dritten Weisen spielte, sagte nichts. „Oh Mann!“, rief der Lehrer. „Ihr seid erst dran, wenn der Stern leuchtet, wie oft soll ich euch das noch sagen!“ Er zeigte auf die gelbe Stern-von-Bethlehem-Lampe, die genau über der Krippe hing, und die drei Weisen gingen wieder davon. Als der Lehrer den Stern angeknipst hatte, kamen sie zurück. „Wir sind die Weisen aus dem Morgenland und folgten jenem Stern“, verkündete Timo und zeigte auf die Lampe. „Wir kommen, das Kind zu beschenken“, sagte Pekka. „Und auf Erden ist Friede bei den Menschen seiner Gnade!“, triumphierte der Engel, als die Geschenke in der Krippe lagen. „Ich verstehe immer noch nicht, warum das Jesuskind Madonna heißen soll“, wunderte sich Mika. Aber unser Lehrer erklärte es ihm nicht.

Timo Parvela

Dunkel ist's

Dunkel ist's in dieser Zeit,
wenn das Christkind nicht mehr weit.
Die Sonne lässt sich selten sehn,
der Mond will gar nicht untergehn.
Doch in dem Dunkel leuchtet schlicht
ein zartes, warmes Kerzenlicht.
Die Flamme knistert
und sie flüstert:
Der Tag ist schon ganz nah,
bald ist Weihnachten da.

Eva Aichert

S. 199: Einen Text vortragen

Ramadan und Zuckerfest

Im Koran, dem heiligen Buch des Islam, ist es den gläubigen Moslems vorgeschrieben, dass sie fasten sollen. Der islamische Fastenmonat Ramadan beginnt mit dem neunten Monat des islamischen Mondkalenders. Im Jahr 2010 war der Ramadan zum Beispiel vom 11. August bis zum 8. September.

Während des Ramadans dürfen gesunde Erwachsene von Sonnenaufgang bis Sonnenuntergang nichts essen und trinken.
Am Abend treffen sich Freunde und Familien zu einem festlichen Essen. Jetzt wird das Fasten unterbrochen. Bei den Moslems heißt dieses Fastenbrechen „iftar". Die Leckerbissen, die es gibt, werden „iftarlik" genannt. Zum Abschluss des Fastenmonats wird das Ramadanfest gefeiert. Es wird auch oft „şeker bayrami" (sprich: scheker bayrami) genannt, das heißt übersetzt „Zuckerfest". Es dauert meistens drei Tage lang.

Am ersten Morgen des Zuckerfests besucht die gesamte Familie die Moschee für das gemeinsame und besondere Gebet dieses Festtages. Der restliche Tag wird genutzt, um die Verwandtschaft zu besuchen. Während des „şeker bayrami" wird viel Süßes gegessen. Die Frauen bereiten zum Beispiel Baklava vor. Das ist eine Süßspeise, die mit viel aufgelöstem Zucker übergossen wird. Es ist auch Brauch, dass die Kinder von Haus zu Haus gehen. Sie bekommen dann Süßigkeiten, vor allem Bonbons, geschenkt.

Baklava backen

Zutaten für den Teig

250 g gehackte Haselnüsse
250 g zerlassene Butter
2 Packungen Blätterteig
3 Esslöffel Zucker

Zutaten für den Sirup

250 g Zucker
125 ml Wasser
1 Esslöffel Zitronensaft

Sirup:

- Löse den Zucker in Wasser und Zitronensaft auf.
- Koche diese Masse auf, bis sie dick wird.
- Lasse den Sirup abkühlen.

Baklava:

- Heize den Backofen auf 170 Grad vor.
- Fette eine Auflaufform mit Butter ein.
- Rolle den Blätterteig dünn aus.
- Lege eine Lage Blätterteig in die Auflaufform hinein und bepinsel sie mit Butter.

- Lege die nächste Lage Blätterteig darauf und bepinsel sie mit Butter. Mache das so lange, bis sechs Lagen aufeinanderliegen.
- Mische die gehackten Nüsse mit dem Zucker und verteile sie auf der obersten Schicht.
- Lege wieder sechs Lagen Blätterteig darauf, die jedes Mal mit Butter bepinselt werden.
- Schneide das Ganze mit einem scharfen Messer schräg ein.

- Backe das Baklava 30 Minuten bei 170 Grad.
- Backe es anschließend bei 190 Grad noch 10 bis 15 Minuten weiter.
- Gieße den kalten Sirup über das heiße Baklava und lasse es auskühlen.
- Bestreue dann das Ganze mit gehackten Nüssen.

Gesichter schminken

Wer ist denn das?
Ein Außerirdischer?
Ein Clown?
Ein Roboter ?
Ein Fantasiewesen?

Der Maler Paul Klee wollte den Kopf eines Mannes malen, der schon bald alt ist. Deswegen nannte er das Bild „Senecio“ auch „Baldgreis“.
Er verwendete Vierecke, Dreiecke und Kreise. Die Flächen malte er mit hellen Farben aus, hauptsächlich mit Gelb-, Orange- und Brauntönen.

Wenn du den Kopf als Schminkvorlage nimmst, wirst du an Karneval kaum zu erkennen sein und fantastisch aussehen.
Dazu malst du die Flächen mit den Farben aus, mit denen du später geschminkt werden möchtest.

1 Zeichnet Vorlagen und schminkt euch gegenseitig.

2 Fotografiert euch und gestaltet eine Collage.

S. 197: Texte und Bilder präsentieren

Schnee im April

April – auf einmal schneit es wieder.
Aus den Wolken schwebt es nieder.
Frösche, die am Weiher hocken,
sehn erstaunt die weißen Flocken.

Sind das wohl besondre Fliegen,
weiße zwar, doch leicht zu kriegen?
Und sie sitzen still und faul,
Augen zu, weit auf das Maul.

Doch was reinfliegt – eins, zwei, drei,
wird's zu Wasser. Zauberei!
Zu leerem Wasser, das nicht nutzt.
Man sieht sich an, man ist verdutzt.

„Dieses ist", der Dickste spricht's,
„ein Aprilscherz, weiter nichts.
Nichts als Unfug sozusagen.
Ich, Genossen, ich geh baden!"

Platsch!
„Ich auch!" „Ich auch!" „Ich auch!"
Platsch! Platsch! Platsch!
klatscht Bauch an Bauch.

Josef Guggenmos

1 Erzähle von einem gelungenen Aprilscherz.

Frühlingshaikus

Kleine Schneeglocke,
zaghaft, sacht und doch voll Kraft.
Frühling ist nicht weit.

Nach langer Pause
begrüßt uns der Frühling
mit lächelnder Sonne.

Heute ist Ostern.
Die Eier sind bunt verziert.
Ich heb mir eins auf.

In den Baumkronen
lautes Vogelgezwitscher
in vielen Sprachen.

Ume ga ka ni notto hin no deru yamaji kana	Mit dem Duft der Pflaumenblüte geht plötzlich die Sonne auf über dem Bergpfad.

Matsuo Basho (1644 – 1694)

1 Schreibe ein Haiku und gestalte es.

→ S. 196: Ein Haiku schreiben
S. 197: Texte und Bilder präsentieren

Osterkörbchen

Du brauchst:
Tonpapier DIN A3, bunte Tonpapierreste, Schere, Klebstoff

1. Falte eine Ecke des Blattes schräg. Schneide den Rest so ab, dass ein Quadrat entsteht. Bewahre den Rest für den Henkel auf.

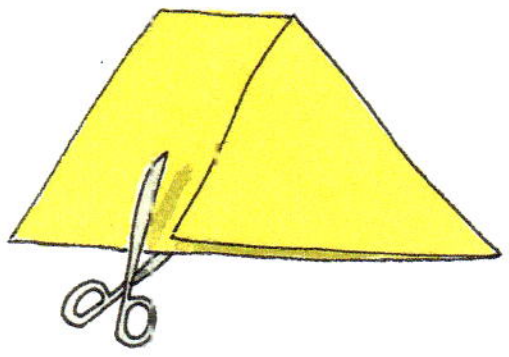

2. Falte die Ecken des quadratischen Papiers so aufeinander, dass ein Kreuz entsteht. Wieder öffnen.

3. Falte die vier Spitzen zur Mitte hin.

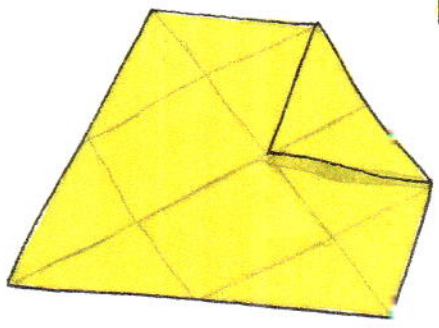

4. Falte die gegenüberliegenden Längsseiten zur Mitte hin. Wieder öffnen.

5. Falte die beiden anderen Längsseiten zur Mitte hin.

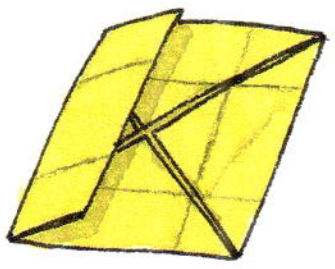

6. Öffne alles wieder und klappe zwei gegenüberliegende Spitzen wieder bis zur Mitte ein. Schneide 4 Mal an den Faltlinien wie in der Abbildung ein.

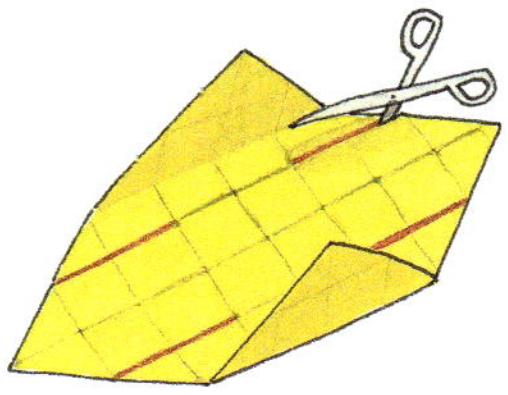

7. Stelle die langen Kanten hoch und knicke die vier eingeschnittenen Ecken rechtwinklig ab. Falte die Spitzen über diese Seitenwände nach innen und klebe sie fest.

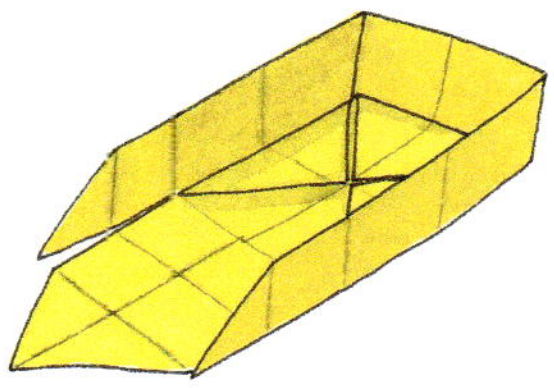

8. Gestalte aus dem restlichen Streifen einen Henkel. Besonders schön sieht es aus, wenn du das Körbchen noch mit Blüten und Gras aus Tonpapierresten verzierst.

Der Mathemuffel

Sommerferien sind dafür da, dass man macht, was man will. Das findet jedenfalls Muffel. In den Sommerferien kann man auf einen Bauernhof fahren oder in die Berge oder ans Meer. Man kann schwimmen gehen und Boot fahren. Im ärgsten Fall kann man sogar ein Buch lesen. Nur für eines sind die Sommerferien sicher nicht da: nämlich dafür, dass man sein blödes Ferien-Rechenheft ausfüllt!

Das Ferienheft ist eine typische Erfindung von Frau Büchel, Muffels Lehrerin. Anscheinend hat sie Angst, dass die Kinder über die Ferien alles vergessen, was sie bei ihr gelernt haben. Und im September nicht mehr rechnen können. Von außen sieht es ja noch ganz schön aus: mit Tieren darauf, die man anmalen kann. Aber kaum schlägt man es auf, sieht es gar nicht mehr schön aus! Denn das Ferienheft besteht aus zirka hundert Rechenblättern und mindestens zehntausend Rechnungen.

Es liegt groß und dick auf Muffels Schreibtisch und jedes Mal, wenn er seine Ritterkarten ausbreiten will, muss er es wegräumen. Wirklich jedes Mal. Weil es sich nämlich immer wieder zurückräumt. Zuerst räumt Muffel das Ferienheft in die unterste Schublade von seinem Schreibtisch, dorthin, wo alle Sachen liegen, die er nicht mehr braucht. Leider bleibt es da nicht liegen. Schon am nächsten Tag liegt es wieder mitten auf seinem Schreibtisch, mit einem gespitzten Bleistift darauf. Muffel steckt den Bleistift in den Stiftebecher und steckt das Ferienheft in die Schultasche. Dort gehört es schließlich hin. Dann geht er ins Schwimmbad und übt den Kopfsprung vom Einmeterbrett.

Als Muffel zurückkommt, liegt das Ferienheft wieder auf dem Schreibtisch. Muffel legt das Ferienheft unter seine Matratze. Aber die Mama findet das Ferienheft auch unter der Matratze. Sie findet es hinter dem Aquarium, auf dem Kasten und sogar im Bügelkorb.

Als Muffel das Ferienheft gerade mit zwei alten Zeitungen ins Altpapier stecken will, um es endgültig loszuwerden, kommt sie aus der Küche.
„Jetzt ist aber Schluss!“, ruft sie. „Das ist doch lächerlich!“
„Irgendwann musst du das sowieso rechnen“, sagt sie, „also heb dir doch nicht alles für später auf. Du weißt ganz genau, dass du in der letzten Ferienwoche zu Oma und Opa fährst! Und dort hast du noch weniger Lust dazu!“
„Stimmt gar nicht“, sagt Muffel. „Bei Oma und Opa kann ich mich viel besser konzentrieren“, behauptet er.
Die Mama schaut den Muffel prüfend an.
„Dann musst du das Ferienheft aber mit zu Oma und Opa nehmen“, sagt die Mama. „Bist du sicher, dass du das willst?“
„Ich mach das schon“, sagt Muffel und nimmt der Mama das Ferienheft aus der Hand.
„Verlass dich drauf! Wenn ich zurückkomme, ist das Ferienheft fertig.“

Saskia Hula

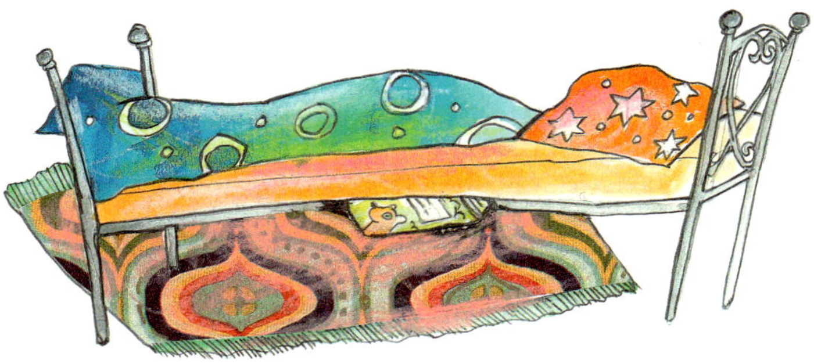

1 Wird Muffel das Heft ausfüllen? Was meinst du? Begründe.

2 Du darfst bestimmen, was in ein Ferienheft hineinkommt. Was würdest du auswählen?

➡ S. 194: Ideen in einem Cluster sammeln
➡ S. 195: Einen eigenen Schluss schreiben

Like ice in the sunshine

Text und Musik: H. Copp / H. Harders

Like ice in the sunshine, like ice in the sunshine,
I'm melting away on this sunny day.

When you walk along the beach,
see the boys and girls hand in hand,
relax in the midday heat
with an icecream in your hand.

Schatzsuche

Was pack ich in die Tasche ein?
Tausend Strahlen Sonnenschein,
ein Stück vom Himmel, möglichst blau,
einen Plan, auf den ich schau,
bevor ich auf die Suche geh,
keinen Regen, keinen Schnee,
einen breiten Sonnenhut,
eine Flasche Traubenblut,
gute Laune, möglichst viel,
und ein feines Kniffelspiel,
die Matratze mit viel Luft,
Sonnencreme mit Sommerduft,
Gedanken, bunt wie Schmetterlinge
und sechs dicke Freundschaftsringe,
Schatten nur ab zwanzig Grad
und dann schwing ich mich aufs Rad
und fahr den grünen Weg hinab.
Die besten Freunde, die ich hab,
warten schon am Badesee,
ich such und finde Dorothee
und Grit und Rosa, Fred und Matz,
sie sind mein allergrößter Schatz.

Jutta Treiber

1 Was packst du in deine Sommertasche ein?

→ S. 197: Texte und Bilder präsentieren

Ideen in einem Cluster sammeln

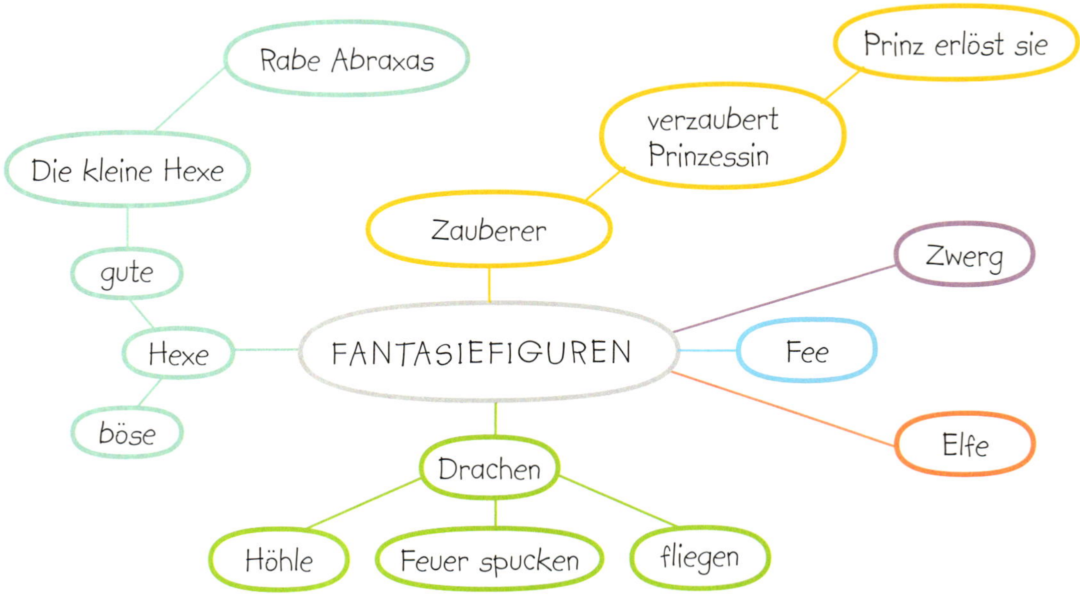

So geht's

1. Schreibe das Thema in die Mitte eines großen Blattes.
2. Notiere deine Gedanken in Stichwörtern dazu.
3. Verbinde Stichwörter, die zusammengehören, mit Strichen.

Tipps von Kindern

Du kannst deinen Cluster für die Herstellung von Plakaten verwenden.

Ich nutze meinen Cluster, um Ideen für Geschichten zu finden.

Kreise Gedanken, die zusammenpassen, in einer Farbe ein.

Mit dem Cluster kann ich Stichwörter übersichtlich sammeln.

Einen eigenen Schluss schreiben

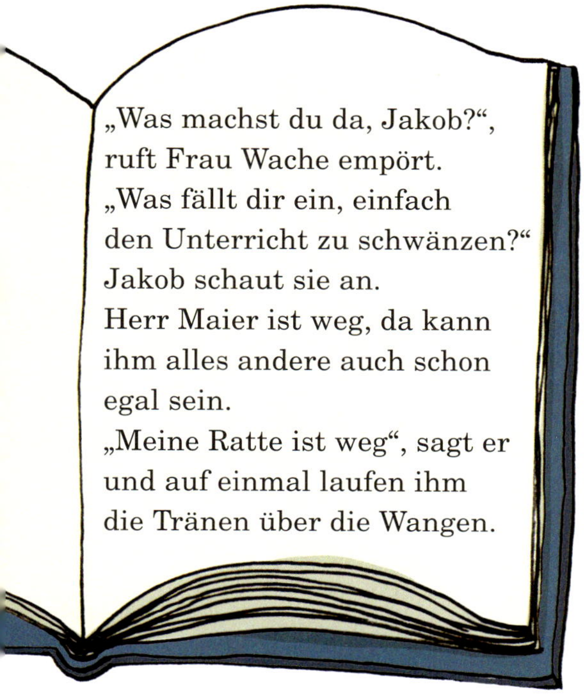

„Was machst du da, Jakob?“, ruft Frau Wache empört. „Was fällt dir ein, einfach den Unterricht zu schwänzen?“ Jakob schaut sie an.
Herr Maier ist weg, da kann ihm alles andere auch schon egal sein.
„Meine Ratte ist weg“, sagt er und auf einmal laufen ihm die Tränen über die Wangen.

So geht's

1. Überlege, was bisher geschehen ist.
2. Denke darüber nach, wie die Geschichte auch weitergehen könnte.
3. Schreibe deinen eigenen Schluss auf.

Tipps von Kindern

Lies deine Geschichte einem Partner vor. Versteht er sie?

Meine Geschichte wird noch sehr lustig.

Wir sammeln Ideen in der Gruppe.

Überlege, was du in der Situation machen würdest.

Ein Haiku schreiben

Die Sonne geht auf.
Noch ist Tau auf den Blättern.
Schnell wird es wärmer.

Das Haiku ist eine japanische Gedichtform.
Meist werden Naturerlebnisse oder Naturbeobachtungen beschrieben.
Dazu passen Themen wie Jahreszeiten oder Landschaften besonders gut.

So geht's

1. Überlege dir, worüber du ein Haiku schreiben möchtest.

2. Schreibe so:
1. Zeile: 5 Silben
2. Zeile: 7 Silben
3. Zeile: 5 Silben

Tipps von Kindern

Ich kenne den Plan für ein Haiku:
◡ ◡ ◡ ◡ ◡
◡ ◡ ◡ ◡ ◡ ◡ ◡
◡ ◡ ◡ ◡ ◡

Es sieht schön aus, wenn das Haiku verziert ist.

Ich sammle immer erst Ideen zum Thema.

Zähle nach, ob es wirklich 17 Silben sind.

Texte und Bilder präsentieren

So geht's

1. Sucht Texte oder Bilder und überlegt, wie ihr sie präsentieren möchtet.
2. Wählt die passenden Materialien aus.
3. Achtet darauf, dass ihr sorgfältig arbeitet.
4. Macht mit euren Werken eine Ausstellung.

Tipps von Kindern

Ich nehme gerne farbiges Papier.

Mit dem Palmwedelbuch kann ich Abzählverse sammeln.

Ich habe für meine Collage nur Bilder aufgeklebt.

Das Leporello wird haltbarer, wenn du die erste und die letzte Seite mit Tonpapier verstärkst.

Ein Gedicht vortragen

Der Stein

Ein kleines Steinchen rollte munter
von einem hohen Berg herunter.
Und als es durch den Schnee so rollte,
ward es viel größer als es wollte.
Da sprach der Stein mit stolzer Miene:
„Jetzt bin ich eine Schneelawine."
Er riss im Rollen noch ein Haus
und sieben große Bäume aus.
Dann rollte er ins Meer hinein,
und dort versank der kleine Stein.

Joachim Ringelnatz

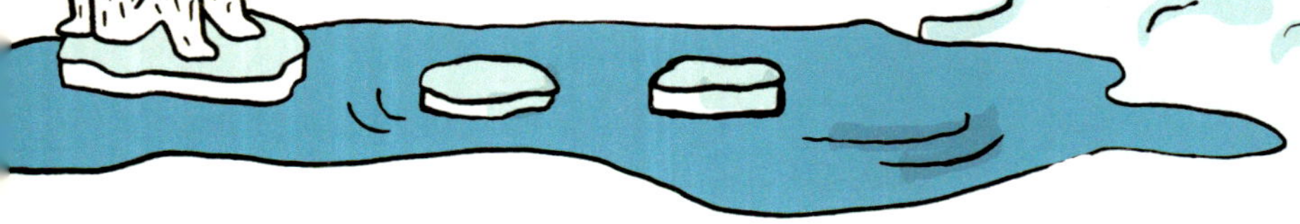

So geht's

1. Lies das Gedicht mehrmals.
2. Überlege dir, welche Wörter du beim Vortragen betonen möchtest.
3. Trage jemandem das Gedicht zur Probe vor.
4. Sprich beim Vortragen deutlich und sieh die Zuhörer an.

Tipps von Kindern

Wir malen Bilder und zeigen sie in der richtigen Reihenfolge.

Ich spreche unterschiedlich: mal hoch – mal tief, mal traurig – mal fröhlich, ...

Ich überlege, welche Wörter oder Zeilen ich leise oder laut spreche.

Du kannst passende Bewegungen machen.

Einen Text vortragen

Es war kurz vor Mitternacht.
Jonas wachte plötzlich auf. Was war das?
Hatte da nicht ein Kind ganz jämmerlich
geweint? Leise, leise stieg Jonas
aus seinem Bett und schlich in die Küche.
Nur nicht die Eltern wecken!
Von hier aus konnte er durch das Fenster
in den Garten sehen. Und was saß da
neben dem Gartenteich?
Eine kleine getigerte Katze, die
die schönste Katzenmusik machte.

So geht's

1. Lies den Text und versuche, seine Stimmung herauszufinden.
2. Überlege dir, welche Wörter für die Zuhörer besonders wichtig sind, um den Text zu verstehen. Diese Wörter musst du betonen.
3. Probiere aus, wie du deine Stimme verändern kannst.
4. Übe den Text so lange, bis du ihn ohne zu stocken vorlesen kannst.

Tipps von Kindern

Lies deutlich und mache Pausen. So können deine Zuhörer den Text besser verstehen.

Es wird spannend, wenn du einzelne Stellen lauter oder leiser vorliest.

Ich lese den Text zuerst einem Freund oder einer Freundin vor.

Ich lese den Text auf verschiedene Arten: traurig, lustig, geheimnisvoll oder wütend. Dann merke ich, was am besten passt.

Einen Text mit Musik und Bewegung umsetzen

Das Murmeltier lehnte sich
an einen Baum und sang:
„Ha, wie schön, wie schön!“
Und die sieben Wölfe tanzten von ihm weg,
bis es sein Zeichen gab: „Hu!“

So geht's

1. Wählt einen Text aus.
2. Überlegt, welche Stellen sich eignen, um dazu Musik zu machen oder sich zu bewegen.
3. Sucht gemeinsam Instrumente aus und besprecht, wie ihr euch zu dem Text bewegen könnt.
4. Verteilt die Aufgaben: Wer liest vor? Wer macht Musik? Wer macht Bewegungen?
5. Probiert aus, ob alles gut zusammenpasst.

Tipps von Kindern

Unsere Gruppe sucht einen kurzen Text aus.

Achte darauf, dass du für deine Bewegungen genug Platz hast.

Die Musik darf nicht so laut sein, dass man den Vorleser nicht mehr versteht.

Ich lese langsam, laut und deutlich.

Einen Text nachspielen

So geht's

1. Lest den Text und besprecht, welche Szenen ihr vorspielen wollt.
2. Verteilt die Rollen und entscheidet, ob ihr einen Erzähler braucht.
3. Stellt die Figuren her und überlegt, was sie sagen sollen.
4. Probt das Stück mehrmals, bevor ihr es aufführt.

Tipps von Kindern

Die Figuren könnt ihr anmalen und für ein Stabfigurenspiel verwenden.

Ich bewege die Figuren langsam und spreche deutlich und mit Pausen

Mit Klebestreifen kleben wir einen Papierrahmen auf die Glasplatte des Projektors. Das sieht dann aus wie eine Bühne.

Quellenverzeichnis

S. 4 Paul Klee: Villa R., 1919, 153, Ölfarbe auf Karton, 26,5 x 22 cm, Öffentliche Kunstsammlung, Basel © VG Bild-Kunst, Bonn 2009; **S. 5** Josef Guggenmos: Suche! Aus: Hans-Joachim Gelberg (Hrsg.): Die Erde ist mein Haus, © 1988 Beltz & Gelberg in der Verlagsgruppe Beltz, Weinheim & Basel; **S. 6** Josef Guggenmos: Das o und alle drei e. Aus: Groß ist die Welt, © 2006 Beltz & Gelberg in der Verlagsgruppe Beltz, Weinheim & Basel; Hans Manz: Pech. Aus: Die Welt der Wörter, Sprachbuch für Kinder und Neugierige, © 2003 Beltz & Gelberg in der Verlagsgruppe Beltz, Weinheim & Basel; **S. 7** Josef Guggenmos: EFFARIG und TNAFELE. Aus: Leselöwen-Rätselgeschichten, Loewe Verlag, Bindlach 1990; Nadia Budde: Katzen. Aus: Trauriger Tiger toastet Tomaten – ein ABC, © Peter Hammer Verlag GmbH, Wuppertal 2006; **S. 8/9** Chiara Carrer: Der große Platsch. Deutsch von Dorothea Löcker und Alexander Potyka, © 2002 Picus Verlag Ges.m.b.H., Wien; **S. 10** Jürg Schubiger: Woher die Tiere ihren Namen haben (gekürzt). Aus: Als die Welt noch jung war, © 1995 Beltz & Gelberg in der Verlagsgruppe Beltz, Weinheim & Basel; **S. 11** Christian Morgenstern: Das ästhetische Wiesel. Aus: Alle Galgenlieder, hrsg. von Margarethe Morgenstern, Diogenes Verlag AG, Zürich 1981 (S. 36); Heinz Erhardt: Das Finkennest. Aus: Ein Nasshorn und ein Trockenhorn, Lappan Verlag, Oldenburg 2009; Paul Maar: Der Feuersalamander. Aus: Jaguar und Neinguar, Oetinger Verlag, Hamburg 2007; Illustration: Paul Maar. Aus: Christine Knödler (Hrsg.): Geschichtenkoffer für Glückskinder, Boje Verlag, Köln 2007; **S. 13** 50 verwünschte Schlümpfe (gekürzt). Stefan Neubert, 2002, www.stefan-neubert.de (Zugriff: Juli 2009); **S. 14** Fotos: Peter Wirtz, Dormagen; **S. 15** Klaus Kordon: Einfach alles. Aus: Uwe-Michael Gutzschhahn (Hrsg.): Ich möchte einfach alles sein, Deutscher Taschenbuch Verlag, München 1999, © Carl Hanser Verlag, München; Käpt'n Blaubär, © WDR mediagroup licensing GmbH; **S. 16/17** Barbara Peters: Sitznachbarn (Originalbeitrag); **S. 18/19** Saskia Hula: Herr Maier ist verschwunden (gekürzt). Aus: Donnerstag ist Drachentag, Dachs Verlag, Wien 2006; **S. 22/23** Ursel Scheffler: Wärst du eingestiegen? (gekürzt). Aus: Schulgeschichten – Leserabe (3. Lesestufe), Ravensburger Buchverlag Otto Maier GmbH, Ravensburg 2001; **S. 24/25** Renate Welsh: Gulaschtulpen (gekürzt). Aus: Christine Knödler (Hrsg.): Geschichtenkoffer für Glückskinder, a. a. O.; **S. 26–28** Andreas Steinhöfel: Rico trifft Oskar (gekürzt). Illustrationen von Peter Schössow. Aus: Rico, Oskar und die Tieferschatten, Carlsen Verlag, Hamburg 2008; **S. 29** Erhard Dietl: Schwere Zeiten (gekürzt). Aus: Lesepiraten Schulgeschichten, Loewe Verlag, Bindlach 1999; **S. 30/31** Werner Färber: Auf dem kürzesten Weg nach Hause. Aus: Das große Känguru Schulgeschichtenbuch, Verlag Ars Edition, München 2003; **S. 32** Ein Baum zum Nachdenken. Aus: Bhajju Shyam, Duurga Bai, Ram Singh Urveti: Das Geheimnis der Bäume, aus dem Englischen von Eveline Masilamani-Meyer, © Nord-Süd Verlag, Zürich 2008; **S. 33** Eine Straße für die Ameisen. Nach: ich TU WAS! 5/2007, Domino Verlag, München; **S. 36** Paul Maar: Einen König und einen Baum. Aus: Onkel Florians fliegender Flohmarkt, Oetinger Verlag, Hamburg 1977; Foto: Hans Reinhard/Okapia; **S. 37** Charles M. Schulz: Das Blatt. Aus: David Larkin (Hrsg.): 50 Jahre Peanuts – Das große Jubiläumsbuch by Schulz, aus dem Amerikanischen übersetzt von Hans Kantereit, Baumhaus Verlag, Frankfurt/M. – Zürich 2000, © united Feature Syndicate/distr. by kipkakomiks.de; **S. 38/39** Peter Härtling: Das wandernde Bäumlein. Aus: Geschichten für Kinder, © 2005 Beltz & Gelberg in der Verlagsgruppe Beltz, Weinheim & Basel; **S. 43** Wissenswertes über den Baum. Aus: Ulrike Berger/Detlef Kersten: Warum knallt die Knallerbse? – Was Kinder wissen wollen (Bd. 8). Velber Verlag, Freiburg 2003; Illustration: © Detlef Kersten. Aus: Welche Pflanzen haben Zähne? – Was Kinder wissen wollen Velber Verlag, Freiburg 2003; Foto: Douglas Atmor/iStockphoto; **S. 44–46** Cornelia Funke: Potilla (gekürzt). Aus: Potilla, Cecilie Dressler Verlag, Hamburg 2004; **S. 47** Zwergen-Rap. Aus: CD der Lindenschule Sistrans bei Innsbruck www.lindenschule.at; **S. 50** Josef Guggenmos: Come sta? Sto bene. Aus: Groß ist die Welt, © 2006 Beltz & Gelberg in der Verlagsgruppe Beltz, Weinheim & Basel; **S. 54/55** Gergely Kiss: Papa wohnt jetzt anderswo (gekürzt). Picus-Verlag, Wien 2007; **S. 56/57** Saskia Hula: Oma kann sich nicht erinnern. Aus: Oma kann sich nicht erinnern, Dachs Verlag, Wien 2006; **S. 60–62** Annelies Schwarz: Eric und Flo in Afrika (gekürzt), Illustrationen von Marlies Rieper-Bastian. Aus: Meine Oma lebt in Afrika, © 1998 Beltz & Gelberg in der Verlagsgruppe Beltz, Weinheim & Basel; **S. 63** Navi lotst Bus in den Wald. Aus: Nürnberger Nachrichten NN/HA/REGBY/REGBY1, Do 11.12.2008; **S. 64/65** Fabian Lenk: Das Bootsrennen. Aus: Krimigeschichten zum Mitraten – Leserabe (2. Lesestufe), Ravensburger Buchverlag Otto Maier GmbH, Ravensburg 2004; **S. 66:** Foto: © mauritius images/imagebroker/Axel Schmies; **S. 67** Bruno Horst Bull: Wieder im Hafen. Aus: Fritz Bachmann (Hrsg.): Klang, Reim, Rhythmus – Gedichte für die Grundschule, Hirschgraben-Verlag, Frankfurt a. M. 1972; **S. 68–70** Paul Maar: Eine gemütliche Wohnung (gekürzt), mit Illustrationen von Norman Junge. © 2006 Beltz & Gelberg in der Verlagsgruppe Beltz, Weinheim & Basel; **S. 72/73** Eva Pollak: Michi packt an (gekürzt). Illustrationen von Daniel Napp. Aus: Michi packt an, Carlsen Verlag, Hamburg 2007; **S. 74–76** Chris Riddell: Wendelins Werkstatt (gekürzt). Aus: Wendelins Werkstatt, aus dem Englischen von Paul Stewart, Sauerländer Verlag, Düsseldorf 2008; **S. 77** Maschinenmusik, frei nach Bruno Schönlank; **S. 78:** Foto: INTERFOTO/Science Museum/SSPL; **S. 79** Erwin Grosche: Der Staubsauger. Aus: König bin ich gerne. © 2006 Omnibus (cbj), München; **S. 80** Foto: Dietmar Schell, München; **S. 82** Otmar Alt: Tor der Sehnsüchte, © Otmar Alt; **S. 83** Two witches. Aus: Hedwig von Bülow (Hrsg.): Es war einmal ein Zweihorn, © Patmos Verlag/Sauerländer Verlag, Düsseldorf 2004; Max Kruse: Zauberspruch. Aus: Die schönsten Kindergedichte. Ausgewählt von Max Kruse, Aufbau Verlag, Berlin 2003; **S. 84/85** Der Tanz der Wölfe, nacherzählt von Ute Andresen. Aus: Bruder Löwenzahn und Schwester Maus, © 2004 Beltz & Gelberg in der Verlagsgruppe Beltz, Weinheim & Basel; **S. 86–88** Cornelia Funke: Das Monster vom blauen Planeten. Aus: Cornelia Funke erzählt von Bücherfressern, Dachbodengespenstern und anderen Helden, Loewe Verlag, Bindlach 2004; **S. 90/91** Rudyard Kipling: Mogli und die grauen Affen (gekürzt). Illustrationen von Ute Thönissen. Aus: Das Dschungelbuch, neu erzählt von Maria Seidemann, © 2001 Arena Verlag, Würzburg; **S. 92/93** Donald Duck und die Seeschlange. © Disney Enterprises, Inc. 2008 Micky Maus-Magazin, Egmont Ehapa Verlag, Berlin; **S. 95** James Krüss: Das Feuer. Aus: Der wohltemperierte Leierkasten, © 2001 C. Bertelsmann Jugendbuch Verlag, München, in der Verlagsgruppe Random House GmbH; **S. 96** Foto: Schapowalow/SIME; **S. 102–104** Michael Ende: Jim Knopf und das Meeresleuchten (gekürzt). Illustrationen von F.J. Tripp. Aus: Jim Knopf und die Wilde 13, © 1962 by Thienemann Verlag (Thienemann Verlag GmbH), Stuttgart – Wien; **S. 105** Foto: Hans Reinhard/Okapia; **S. 106** Elektrizität – nicht nur aus der Steckdose. Nach: Ulrike Berger: Die Elektro-Werkstatt – Spannende Experimente mit Magneten und Strom. Schau, so geht das, Bd. 8, © 2005 Family Media GmbH & Co. KG, Freiburg i. Br., Fotos:

© Christoph Schmotz; **S. 109:** www.blinde-kuh.de; **S. 110** Fotos: (1) Allgemeiner Blinden- und Sehbehindertenverein Berlin; (2) Jochen Tack Fotografie; (3) mauritius images/imagebroker/Ulrich Niehs; (4) plainpicture/Richard Bareis; (5) f1online/Jochen; (6) Image Source; (7) Thomas Imo/photothek.net; (8) Christian Stoll/fotolia; (9) Fotex/Walter Allgoewer; (10) Wildlife/J. Kosten; **S. 112/113** Christine Nöstlinger: Läuse (gekürzt). Aus: Am Montag ist alles ganz anders, © 1993 Beltz & Gelberg in der Verlagsgruppe Beltz, Weinheim & Basel; **S. 114** Die faszinierende Arbeit der Milchsäurebakterien. Aus: Sonja Floto-Stammen, Charlotte Wagner: Von Kakaokühen und Rülpsbakterien, Moses Verlag, Kempen 2006; **S. 115** Frantz Wittkamp: Ich könnte über lange Zeiten ... Aus: Hedwig von Bülow (Hrsg.): Es war einmal ein Zweihorn, a. a. O.; Fotos: Christian Hückstädt. Aus: GEOlino Nr. 2 Februar 2008, Gruner+Jahr AG & Co KG, Hamburg 2008; **S. 116/117** Maria Parr: Der Windpocken-Geburtstag (gekürzt). Illustrationen Marine Ludin. Aus: Waffelherzen an der Angel, Cecilie Dressler Verlag, Hamburg 2008; **S. 118** Zum Gähnen. Aus: Guy MacDonald: Was du schon immer über deinen Körper wissen wolltest, übersetzt von Rainer Remmel, Bloomsbury Verlag, Berlin 2007; **S. 119** Herbert Grönemeyer: Sie mag Musik nur, wenn sie laut ist. © Grönland Musikverlag, Berlin, www.groenemeyer.de; **S. 120/121** Klaus Kordon: Aber dafür habe ich anderes (gekürzt). Aus: Paula Kussmaul und Kater Knutschfleck, © 2003 Beltz & Gelberg in der Verlagsgruppe Beltz, Weinheim & Basel; **S. 124** Foto: Dirk Vogel/Visum; **S. 125** Gerald Jatzek: Die Zeit. Aus: Hans-Joachim Gelberg (Hrsg.): Großer Ozean, © 2000 Beltz & Gelberg in der Verlagsgruppe Beltz, Weinheim & Basel; Karin Höpner: Vergangen. Aus: Hans-Joachim Gelberg (Hrsg.): Die Erde ist mein Haus, a. a. O.; **S. 126/127** Maria Seidemann: Wenn die fremden Reiter kommen (gekürzt). Aus: Das will ich wissen – Das Leben im Mittelalter, Arena Verlag, Würzburg 2008; **S. 134/135** Cornelia Funke: Violetta (gekürzt). Illustrationen von Kerstin Meyer. Aus: Der geheimnisvolle Ritter Namenlos, © Fischer Taschenbuch Verlag GmbH, Frankfurt/M. 2001; **S. 142/143** Cornelia Funke: Fremde Worte. Aus: Das Super-Leselöwen-Geschichtenbuch, Loewe Verlag, Bindlach 2000; **S. 144** Martina Badstuber: Ich kenn ein Land, das du nicht kennst ... (gekürzt). Aus: Ich kenn ein Land, das du nicht kennst ..., © Tulipan Verlag, Berlin 2008; **S. 145** Jürg Schubiger: Das Kamel und das Dromedar. Illustration von Rotraud Susanne Berner. Aus: Als die Welt noch jung war, a. a. O.; **S. 146/147** Stefan Greschik: Leben auf dem Titicacasee. Aus: GEOlino Nr. 11 November 2008, Gruner+Jahr AG & Co KG, Hamburg 2008, Fotos: (1) Spencer/fotolia; (2) Bert Broschəit/vario press; (3, 4) Franck Renoir; **S. 148–150** Sabine Ludwig: Im Watt (gekürzt). Illustrationen von Marine Ludin. Aus: Viermal Pizza Napoli, © S. Fischer Verlag GmbH, Frankfurt am Main 2008; **S. 151** Christine Nöstlinger: Paulines Ferien. Illlustration von Jutta Bauer. Aus: Ein und Alles, © 1992 Beltz & Gelberg in der Verlagsgruppe Beltz, Weinheim & Basel; **S. 152/153** Maren von Klitzing: Lissy löst den Fall (gekürzt). Aus: Detektivgeschichten zum Mitraten, Carlsen Verlag, Hamburg 2004; **S. 154** Foto: Jako-O, Kindersachen mit Köpfchen, Bad Rodach; **S. 155** Lötti Löttgen: Die Luftpumpe Luftikus, Aus: Luftikus und Plattfuß. 21 pfiffige Lieder und Geschichten rund ums Fahrrad. © 1998 by Eres Edition Horst Schubert, Lilienthal/Bremen; **S. 158** akg-images/Nam June Paik Estate; **S. 160/161** Gitta Edelmann: Die Computer-Detektive (gekürzt). Aus: Astrid Hille/Dina Schäfer: Voll geblickt! TV, Computer, Comic und so, Velber Verlag, © 2003 Family Media GmbH & Co., Freiburg; **S. 162/163** Saskia Hula erzählt: vom Anfangen und vom Weitermachen. Originalbeitrag, Foto: Saskia Hula; **S. 164/165** Saskia Hula: Basti bleibt am Ball (gekürzt). Aus: Basti bleibt am Ball, Obelisk Verlag, Innsbruck/Wien 2005; **S. 168** Illustration aus: Das Dschungelbuch, Zeichentrickfilm, © Disney Enterprises, Inc. 1967; **S. 169** Wie Kinderwerbung wirkt (gekürzt). Illustration von Yayo Kawamura. Aus: Frank Koschembar: Der Vampir-Effekt – Wie Kinderwerbung wirkt, © 2006 Westend Verlag, Frankfurt am Main; **S. 170–172** Eoin Colfer: Tim und das Geheimnis von Knolle Murphy (gekürzt). Illustrationen von Tony Ross. Aus: Tim und das Geheimnis von Knolle Murphy, aus dem Englischen von Brigitte Jakobeit, © 2005 Beltz & Gelberg in der Verlagsgruppe Beltz, Weinheim & Basel; **S. 173** Bill Watterson: Calvin und Hobbes (gekürzt). Aus: Calvin und Hobbes, Macht's gut Freunde (19. Album), aus dem Amerikanischen von Alexandra Bartoszko, Krüger Verlag, Frankfurt am Main 2002, © Bill Watterson; **S. 176** Illustration: Tilman Michalski. Aus: Christa Holtei/Tilman Michalski: Das große Familienbuch der Feste und Bräuche, Patmos Verlagsguppe, Düsseldorf 2005; **S. 177** Foto: AP Photo/AP/Frank Hormann; **S. 178** Issa: Grad heute Morgen. Aus: Jan Ulenbrook (Hrsg.): Haiku – japanische Dreizeiler, übersetzt von Jan Ulenbrook, Reclam Verlag, Stuttgart 2007; Zeichnung: Luca Hiemer, Weitnau; **S. 179** Michael Labbé: Sockenfledermäuse (gekürzt). Copyright © LABEÉ GmbH, Bergheim (www.labbe.de/zzzebra); **S. 181** Georg Bydlinski: Im Advent. Aus: Wasserhahn und Wasserhenne Dachs Verlag, Wien 2002; Charles M. Schulz, © united Feature Syndicate/distr. by kipkakomiks.de; **S. 182/183** Timo Parvela: Die Generalprobe (gekürzt). Aus: Ella in der Schule, aus dem Finnischen von Anu und Nina Stohner, Carl Hanser Verlag, München 2007; **S. 183** Eva Aichert: Dunkel ist's. Aus: Tabaluga – Mein schönstes Weihnachtsbuch, Pattloch Verlag, Augsburg 1999; **S. 184** Fotos: (1) Kenneth C. Zirkel/iStockphoto; (2) Frits Meyst/Adventure4ever.com; **S. 186** Paul Klee: Senecio, VG Bild-Kunst, Bonn 2009; Foto: Andrea Wimmer, Bad Feilnbach; **S. 187** Josef Guggenmos: Schnee im April. Aus: Sonne, Mond und Luftballon, © 1991 Beltz & Gelberg in der Verlagsgruppe Beltz, Weinheim & Basel; **S. 188** Kleine Schneeglocke. Sibylle Krause: www.e-stories.de/gedichte-lesen.phtml?35574 (Zugriff: Oktober 2009); Nach langer Pause. Sajid Butt: www.tmg.musin.de/projekte/haiku/dichtung.htm (Zugriff: Oktober 2009); Heute ist Ostern. David Frischholz: www.tmg.musin.de/projekte/haiku/dichtung.htm (Zugriff: Oktober 2009); Martina Sylvia Khamphasith (msk): In den Baumkronen. www.fotohaiku.com/haikus.fruhling.htm (Zugriff: Oktober 2009); Matsuo Basho: Mit dem Duft der Pflaumenblüte. www.onlinekunst.de/mai/Mai.htm (Zugriff: Oktober 2009); **S. 189** Foto: Dietmar Schell, München; **S. 190/191** Saskia Hula: Der Mathemuffel. Aus: Der Mathemuffel, © Patmos Verlag/Sauerländer Verlag, Düsseldorf 2009; **S. 192** Like ice in the sunshine. Text und Musik: Holger Julian Copp/Hanno Harders, © by Hanseatic Musikverlag GmbH & Co. KG, Hamburg; **S. 193** Jutta Treiber: Schatzsuche. Aus: Christine Knödler (Hrsg.): Geschichtenkoffer für Schatzsucher, Boje Verlag, Köln 2006; Illustration von Selda Soganci. © Susanne Koppe, Agentur für Literatur und Illustration, Hamburg; **S. 198** Joachim Ringelnatz: Der Stein. Aus: Das Gesamtwerk, Bd. 1, Diogenes Verlag, Zürich.

VG Bild-Kunst, Bonn 2009: S. 4, 186.

Trotz entsprechender Bemühungen ist es nicht in allen Fällen gelungen, den Rechteinhaber ausfindig zu machen. Gegen Nachweis der Rechte zahlt der Verlag für die Abdruckerlaubnis die gesetzlich geschuldete Vergütung.

Inhaltsverzeichnis

A wie Anfang

Ich und die anderen

Wald erleben

Unsere Heimat – unsere Welt

Arbeiten und erfinden

Fantasiewelten

Energie und Umwelt

Ich und mein Körper

Jahreskreis

Ideen und Tipps